企业养老保险缴费率城镇就业影响研究

田 伟 ———— 著

Research on the Incidence of

FIRMS'PENSION
CONTRIBUTION

Rate on Urban Employment

经济科学出版社
Economic Science Press

图书在版编目（CIP）数据

企业养老保险缴费率对城镇就业影响研究/田伟著
. -- 北京：经济科学出版社，2022.7
ISBN 978 - 7 - 5218 - 3821 - 3

Ⅰ.①企⋯　Ⅱ.①田⋯　Ⅲ.①企业 - 养老保险制度 -
影响 - 城镇 - 就业 - 研究 - 中国　Ⅳ.①F842.612
②D669.2

中国版本图书馆 CIP 数据核字（2022）第 119945 号

策划编辑：李　雪
责任编辑：袁　溦
责任校对：孙　晨
责任印制：邱　天

企业养老保险缴费率对城镇就业影响研究

田　伟　著

经济科学出版社出版、发行　新华书店经销

社址：北京市海淀区阜成路甲 28 号　邮编：100142

总编部电话：010 - 88191217　发行部电话：010 - 88191522

网址：www. esp. com. cn

电子邮箱：esp@ esp. com. cn

天猫网店：经济科学出版社旗舰店

网址：http：//jjkxcbs. tmall. com

固安华明印业有限公司印装

710 × 1000　16 开　12 印张　160000 字

2022 年 7 月第 1 版　2022 年 7 月第 1 次印刷

ISBN 978 - 7 - 5218 - 3821 - 3　定价：60. 00 元

（图书出现印装问题，本社负责调换。电话：010 - 88191510）

（版权所有　侵权必究　打击盗版　举报热线：010 - 88191661

QQ：2242791300　营销中心电话：010 - 88191537

电子邮箱：dbts@ esp. com. cn）

国家统计局发布的数据显示 2020 年中国城镇登记失业率为 4.24%，城镇登记失业人员 1010 万人；城镇调查失业率 5.2%，按此失业率计算城镇失业人员为 2538 万人；如果算上农村失业人员，按照吴要武和陈梦玫两位学者的计算方法，2020 年中国实际失业人数则为 3328 万人。2020 年中共中央政治局召开的会议在强调加大"六稳"工作力度的同时提出了"六保"要求。从"六稳"到"六保"就业都居于首位。

影响就业的因素很多。一部分学者从社会保险角度研究社会保险税费水平对就业的影响。虽然有些学者如胡恩（Hoon，1996）、哈特和川崎诚一（Hart & Kawasaki，1988）等认为社会保险税率水平对就业无影响。然而，大部分学者如劳拉和法哈多（Lora & Fajardo，2012）、斯泰纳（Steiner，1996）、费赖尔和斯泰纳（Freier & Steiner，2010）等研究发现社会保险税增加了用工成本，企业会相应减少对劳动的需求。

1991 年中国国务院颁布的《关于企业职工养老保险制度改革的决定》标志着我国城镇职工基本养老保险制度正式确立。到 2021 年末，我国参加城镇职工基本养老保险人数为 48074 万人，其中参保职工 34917 万人，参保离退休人员 13157 万人。一方面，中国城镇职工基本养老保险制度在保障退休人员基本生活方面发挥了积极作用，同时又为我国市场经济建立，促进经济增长起到了无可替代的作用。另一方面，中国企业社会保险缴费占其利润的比例高达48%，其中企业缴纳的养老保险缴费又占到企业社会保险缴费的67%左右。企业事实上成为了基本养老保险缴费的主体。经济学者认为在工资水平给定的条件下企业雇用成本的上升会使企业对生产要素投入的减少。在当前中国经济增速放缓，企业投资增速回落，就业压力增大的背景下，本书基于基本养老保险的角度研究企业养老保险缴费率水平对城镇就业影响产生的机理及影响程度，力求在保证城镇企业养老保险制度持续发展的前提下，探讨通过降低企业养老保险缴费率提高企业对生产要素的投入，为我国解决总量就业和改善结构性失业提供一种新的思考方向和解决手段。

本书共分为7章。第1章主要是选题背景、研究意义、国内外相关文献综述、主要研究方法和研究内容；第2章主要梳理了社会保险税费相关理论；第3章测算了中国基本养老保险适度缴费率水平；第4章利用面板数据PVAR模型在全国范围、东部、中部和西部地区三个子样本区域企业养老保险缴费率和城镇就业关系进行研究；第5章利用静态短面板数据采用随机效应模型以全国样本为单位分析企业养老保险缴费率对城镇就业的挤出效应；第6章以城镇职工基本养老保险收支平衡为基础，推导出在城镇职工基本养老保险制度内影响企业养老保险缴费率下调的因素；第7章对研究进行总结，在此基础上提出政策建议。

本书在写作过程中得到了各方面的大力支持，首先感谢辽东学院博士科研启动经费项目"企业养老保险缴费率对城镇就业影响研究"（2021BS002）的资助，其次感谢本人在博士就读期间及写作过程中，诸多同学、老师和同事的支持和帮助。由于时间和水平有限，本书内容研究深度与广度存在很多不足，恳请读者和业界人士不吝赐教。

田伟

2022 年 6 月

目录
CONTENTS

第1章

绪　　论

1.1　选题背景和研究意义

1.1.1　选题背景

当前中国面临最紧迫的经济问题之一显然是失业问题。2019 年中国政府工作报告指出，当前和今后一个时期，我国就业总量压力不减，结构性矛盾凸显。报告将就业优先政策置于宏观经济宏观增长层面，强调稳增长首要是为保就业。实际上，我国目前在总量就业问题没有减轻，结构性失业问题日益突出的情况下，出现了转轨就业、青年就业和农村转移就业这三大就业同时到来的局面。这一状况加重了我国解决就业问题的难度。

表 1－1 展示了我国 2010～2018 年城镇登记失业人数、城镇实际失业人数和中国实际失业人数。从表 1－1 可以看出，2010 年我国城镇登记失业人数 908 万人，到 2018 年城镇登记失业人数上升到 974 万人，8 年时间失业人

数仅增加 66 万人。从统计数据上看我国失业水平并不高，但是城镇登记失业人数仅反映在国家有关部门登记之后的失业人数，我国实际失业人数要大于城镇登记失业人数。2010 年，我国城镇失业人数为 1762 万人，比同期城镇登记失业人数多出 854 万人，到 2018 年城镇实际失业人数 2310 万人，比同期城镇登记失业人数多出 1336 万人。如果不区分城镇因素，2010 年中国实际失业人数 2283 万人，比城镇登记失业人数多 1375 万人。2018 年中国实际失业人数为 2981 万人，比同期城镇登记失业人数多出 2007 万人。除此之外，根据教育部公布的数据，2019 年我国高校毕业生规模超过历年达到 834 万人。在经济下行压力下，可见我国就业形势面临的严峻挑战。

表 1-1　　　　　　　　　中国 2010~2018 年失业人数　　　　　　单位：万人

年份	城镇登记失业人数[a]	城镇实际失业人数[bc]	实际失业人数[d]
2010	908	1762	2283
2011	922	1667	2159
2012	917	1691	2190
2013	926	1793	2323
2014	952	1881	2437
2015	966	2038	2640
2016	982	2386	3091
2017	972	2352	3046
2018	974	2310	2981

注：a 城镇登记失业人数指有非农业户口，在一定的劳动年龄内（16 周岁至退休年龄），有劳动能力，无业而要求就业，并在当地劳动保障部门进行失业登记的人员。

b 城镇实际失业人数本书给定定义为是指在当地劳动保障部门进行失业登记的人员和没有登记的人员，在一定的劳动年龄内（16 周岁至退休年龄），有劳动能力，无业而要求就业，实际处于失业状态的人员。包括有城镇户籍人员和进入城镇的农业户籍人员。

c 根据吴要武和陈梦玫（2008）计算城镇失业人数方法：2010 年人口普查汇总数据报告了失业者在城市、镇和乡村的数量分布，农村的失业比例为 22.8%，城镇的失业比例为 77.2%。在缺少其他补充性信息的条件下，假定 2011~2018 年期间，失业者乡分布仍然保持这个比例，可以将 2010~2018 年以来的失业者划分为城镇失业者和农村失业者。

d 实际失业人数是指城镇和农村失业人数加总人数，计算方法为劳动力人数减去就业人数之差。

资料来源：2011~2019 年中国统计年鉴。

导致失业率上升的因素很多，大多数学者研究发现失业率上升的主要原因之一是企业成本过高。据人民网 2018 年的调查，"企业反映最大的问题主要集中在两个方面：一是工资增速过快，二是用人单位需要缴纳的社会保险比例过大。"① 实体经济企业劳动力成本上升问题已经成为社会关注的焦点问题。

自 20 世纪 80 年代随着中国社会保险制度的建立、发展和完善，中国企业职工基本养老保险制度取得了令人瞩目的成就。以 2005 ~ 2018 年为例，中国城镇职工养老保险参保人数逐年增加，从 2005 年的 17487 万人上升到 2018 年的 41902 万人，城镇职工基本养老保险覆盖范围稳步扩大，2018 年我国城镇职工养老保险覆盖面为 72% 左右，比 2005 年 50% 的养老保险覆盖面上升了大约 22%。中国退养老金经过 10 年 10% 的速度增长，退休职工平均养老金从 2005 年的 700 元左右增加到 2018 年的 2650 元左右。企业职工基本养老保险制度作为社会保险制度的核心，不仅在保障退休人员基本生活方面发挥了积极作用，作为社会发展的稳定器，城镇企业职工基本养老保险为我国社会主义市场经济建立，促进经济稳定增长也起到了无可替代的促进作用。

我国社会保险法律规定，城镇职工基本养老保险缴费由企业、个人和国家三方共同负担，其中国家只在养老保险基金支出不足时起兜底作用。但是在中国养老保险制度转轨过程中国家财政并未承担转轨成本，转轨过程中形成的"老人""中人"的养老金缺口往往通过提高企业养老保险缴费率的形式加以解决。由此各省份企业的养老保险缴费率普遍达到 20% 水平②，普遍高于其他国家企业承担的缴费率水平。世界银行营商环境报告指出我国税费

---

① 颜辉. 如何应对劳动力成本上升 [EB/OL]. (2018 - 01 - 31). http：//finance. people. com. cn/n1/2018/0131/c1004 - 29796839. html.

② 2016 年国家要求地方政府根据自身养老保险金结余状况下调企业缴纳养老保险金比例。2019 年 4 月发布《降低社会保险费综合方案》要求城镇企业职工基本养老保险单位缴费比例高于 16% 的省市降低至 16%。

指标排名第 114 位。一个典型的中国企业需要缴纳的税费（除增值税外）占到其利润的 68%，世界平均水平为 40.9%①，其中各类社会保险缴费占利润的比重为 48%②。由此可见，中国企业税费负担最重的一块是社保缴费。在各项社会保险费中企业缴纳的养老保险费率最高，占到企业社保缴费的 67% 左右。企业事实上成为城镇职工基本养老保险缴费的主体，是养老保险基金最主要的资金来源。

企业缴费是企业人工成本的重要组成部分。较高的企业养老保险缴费水平增加了企业的用工成本。哈默梅斯（Hamermesh）指出，在工资水平给定条件下，雇用成本的上升会使企业生产一定产出所得到的利润减少，这会引起产出水平的下降和生产要素投入的减少③。葛结根研究发现，我国的劳动力市场存在一定的工资刚性，企业的社会保险缴费很难通过大幅度降低工资水平进行转嫁④。较高的企业养老保险缴费率水平增加了企业用工成本，使得企业没有多余合理资金进行战略转型和产品优化，影响企业竞争力，阻碍了企业的进一步发展，甚至过重的企业养老保险缴费率会成为压倒企业的最后一根稻草。劳动成本的增加对就业有两个方面的影响：一方面劳动成本上升，对企业而言，减少劳动成本最有效的方式是减少劳动力的雇用，从而造成失业；另一方面企业劳动成本增加会刺激企业用资本替代劳动力，资本的边际产量就会下降，资本边际产量的下降经过一段时间反过来又会减少劳动力的数量，进一步对储蓄、投资、收入分配和国民经济发展产生连锁性的负面影响。

---

① 白重恩. 中国经济何处去：养老保险降费 [J]. 中国经济报告, 2019 (6)：81 - 86.

② 国家在 2015 年和 2016 年对失业、工伤和生育保险费率进行的小幅度下调，使得 5 种社会保险费率由 42% 左右下降到 40% 左右。

③ 魏建, 李俊峰. 就业保护与就业水平关系研究进展 [J]. 经济学动态, 2010 (11)：96 - 101.

④ 葛结根. 社会保险缴费对工资和就业的转嫁效应——基于行业特征和经济周期的考察 [J]. 财政研究, 2018 (8)：93 - 104.

就业是我国经济社会发展的核心问题。我国政府历来重视就业问题，保障就业一直是国家优先关注的问题。特别是在当前面对世界贸易争端，经济增长面临下行压力的情况下，准确分析和判断企业养老保险缴费水平对就业的影响，探究企业养老保险费率调整方案，有助于国家把握好政策力度，调整企业养老保险缴费水平和时机，同时有助于加强和其他政策相互协调，对激励企业增加员工人数，最大限度地缓解就业压力具有重要意义，也将有助于整个国民经济良性发展。

1.1.2　研究意义

当前中国面临经济增速放缓，企业投资增速明显回落，就业压力增大的局面，需要采取适当措施保证就业，推动经济增长。在此背景下，基于社会保险角度，以理论和实践问题为导向，本书研究企业养老保险缴费率对城镇就业影响产生的机理及影响程度，并探讨这种影响受到何种因素的制约，力求在保证城镇企业职工养老保险制度持续发展的前提下，降低因较高的企业养老保险费率对劳动力就业的不利影响，为我国解决总量就业和结构性失业提供一种新的思考方向和解决手段。

1.1.2.1　理论意义

本书的理论意义主要有以下几个方面：

（1）本书通过理论的融合和创新，以经济学为基础，从福利最大化出发，构建了企业养老保险最优缴费模型，确定现阶段企业养老保险最优缴费水平，丰富了适度社会保障水平理论研究内容。企业养老保险最优缴费水平的确定在一定程度上弥补了社会保险与市场经济体系不相匹配的现象，从而为促进社会保险与就业增长协调发展提供了理论支撑。

（2）本书丰富了就业理论与社会养老保险缴费率协同发展这一领域的

相关研究。已有大量文献对这一领域的研究大多关注整体社会养老保险缴费率（即企业缴费比例和个人缴费比例之和）对企业劳动需求行为的影响。实际上在中国养老保险实行个人账户和统筹账户相结合的制度体现在职工个人养老保险缴费减少的是职工个人当期可支配收入，增加的是职工个人未来收入，因此个人缴费主要影响劳动力供给行为。企业养老保险缴费支出是企业劳动成本重要的构成部分，主要影响企业劳动需求行为。研究发现，在个人养老保险缴费率不变条件下企业养老保险缴费率的提高降低了企业的劳动需求，加大了城镇就业的压力。本书结合劳动经济学就业理论，研究企业养老保险缴费率因素如何影响企业劳动需求行为，为缓解城镇就业压力提供了新思路。

1.1.2.2 现实意义

本书的现实意义主要有以下几个方面：

（1）从政策制定角度，本书为通过降低企业养老保险缴费率提高城镇就业水平的政策提供了科学的检验。本书发现企业养老保险缴费率对城镇就业会产生负向的影响，但是存在区域差别。企业养老保险缴费率对西部地区城镇就业水平的影响最大而非东部地区，对中部地区的影响不显著。这一结果可能源于不同地区不同性质企业所占比例的差异。相对于东部和中部地区，西部地区大型国有企业，特别是资源型国有企业占比较多，国有企业养老保险缴费对劳动力就业具有明显的挤出效应。因此本书认为，政策制定者在降低企业养老保险缴费率，鼓励企业增加劳动力雇用数量时需要考虑不同地区对降低养老保险缴费率提高城镇就业影响程度的差异，因此需要配合其他经济手段，以达到最大限度提高城镇就业水平的目的。

（2）降低企业养老保险缴费率促进城镇就业水平，缓解就业压力是中国降低企业养老保险缴费率最终目标，在实践该目标过程中，我们需要在保证企业养老保险缴费率与经济发展相一致的前提下，科学合理地降低企业养老保险缴费率。本书通过养老保险基金平衡视角探讨缴费率变动机制，即在养老保险基金收支平衡状态下，分析影响企业养老保险缴费率变动的因素、影响缴费率的途径及影响程度。通过厘清企业养老保险缴费率和其影响因素如何共同作用保证基金收支平衡前提下下调企业养老保险缴费水平，切实降低企业成本从而更好地指导企业养老保险缴费率调整提供政策指导。

1.2　国内外研究状况

1.2.1　社会保险费率适度性水平

孙雅娜等（2010）从个人效用和社会福利最大化角度基于行业收入差异测算了企业最优缴费率为 20.48%[①]。杨再贵（2008）构建了一般均衡 OLG 模型，测算我国城镇企业职工基本养老保险企业最优缴费率的区间为 12.16% ~ 17.05%[②]。康传坤等（2014）测算出在预期寿命延长和人口增长率下降两种相反作用下企业最优缴费率的变动区间为 10.2% ~ 19.04%[③]。柳清瑞等（2013）通过引入修正的世代交叠模型，把企业分为东、西、中、东北四部分，测算企业最优缴费率为 15%[④]。彭浩然和陈斌开（2012）在一般均衡 OLG 模型中考察了养老保险社会统筹缴费率和养老金待遇之间的关

① 孙雅娜，安曼. 中国养老保险最优缴费率研究——基于行业收入差异的分析 [J]. 社会科学辑刊，2010（2）：112 - 115.
② 杨再贵. 养老保险缴费率和人口增长率的 OLG 模型分析 [J]. 西部发展评论，2008（10）.
③ 康传坤，楚天舒. 人口老龄化与最优养老保险缴费率 [J]. 世界经济，2014（4）：136 - 160.
④ 柳清瑞，王虎邦，苗红军. 城镇企业基本养老保险缴费率优化路径分析 [J]. 辽宁大学学报（社会哲学版），2013（6）：99 - 107.

系，通过数值模拟显示我国社会养老保险中企业养老保险缴费率的阈值为15.6%①。

刘钧（2004）对国有企业社会保险缴费承受能力进行了估计，认为国有企业所承受的社会保险统筹缴费率的最高限度为30%，适度的缴费限度为20%左右，明显高于我国目前承受的40%社会保险缴费水平②。刘宏鑫（2009）认为企业社会保险缴费水平的定价依据来自企业利润部分的扣除。通过企业成本、利润测算得出企业有能力承受法制性的社会保险费率上限为18.68%，测算结果显示目前企业社会保险费率明显偏高③。

林宝（2010）以统筹账户养老保险基金收支平衡为出发点，设定经济仍较快增长速度、制度覆盖的扩大和延迟退休年龄情况下，企业养老保险缴费率可以下调至16.47%④。景鹏和胡秋月（2017）通过精算模型的模拟，研究表明在优化制度参数和固化政府补贴下，缴费率最高可下调5.36%⑤。

学者利用国际对比进行定性分析我国养老保险企业缴费率高低时，都指出我国企业缴费率过高。刘长庚和张松彪（2014）认为企业和个人共计承担28%的缴费比例，远远超过世界平均水平10%，也远远超过国际警戒线20%⑥。苏中兴（2016）同样通过国际企业（雇主）养老保险缴费率的对比得出我国养老保险缴费率过高，但是文章中并没有指出我国企业养老保险缴费率的适度水平⑦。吴孟兆（2007）参照拉丁美洲国家企业养老保险缴费率

---

① 彭浩然，陈斌开. 鱼和熊掌能否兼得：养老金危机的代际冲突研究［J］. 世界经济，2012（2）：84－97.

② 刘钧. 社会保险缴费水平的确定：理论与实证分析［J］. 财经研究，2004，30（2）：73－79.

③ 刘鑫宏. 企业社会保险缴费水平的实证评估［J］. 江西财经大学学报，2009（1）：28－34.

④ 林宝. 人口老龄化对企业职工基本养老保险制度的影响［J］. 中国人口科学，2010（1）：84－92.

⑤ 景鹏，胡秋月. 企业职工基本养老保险统筹账户缴费率潜在下调空间研究［J］. 中国人口科学，2017（1）：21－33，126.

⑥ 刘长庚，张松彪. 我国企业职工基本养老保险制度中企业缴费率应降低［J］. 经济纵横，2014（12）：112－115.

⑦ 苏中兴. 基本养老保险费率：国际比较、现实困境与改革方向［J］. 中国人民大学学报，2016，30（1）：20－27.

水平，在目标替代率下降情况下，指出企业缴费率可以降至15%左右①。

陈曦（2015）通过构建基本养老保险缴费适度水平模型，结合养老保险人口结构和功能定位阶段性演变规律得出城镇职工养老保险企业长期均衡缴费率适度上限为13.38%，适度下限为9.85%②。穆怀中等（2015）通过养老保险缴费"膨胀系数"数理模型，测算出长期养老保险缴费"膨胀系数"均为5%，则城镇职工企业养老保险理论上的缴费约15%③。

萨缪尔森（Samuelson，1975）提出了求解最优税率的方法，即通过令自由竞争经济中的物质资本回报率等于黄金律水平的人口增长率，从而求出最优的社会保障税率④。阿霍那（Arjona，2000）在动态一般均衡（OLG）模型框架内测算了西班牙现收现付制社会保障制度的最优缴税率和最优替代率。他的研究结果显示，最优社会保障制度的存在与否与个人效用贴现率有关。当个人效用贴现率小于1时，不存在最优社会保障制度，而且此结果在不同的人口统计特征下都成立。而当效用贴现率大于1时，存在最优社会保障税率和替代率⑤。另外，他得到的结果显示最优缴费率低于现行的西班牙社会保障缴税率。不过，他求解最优缴税率的方法并不是进行社会福利最大化，而是个人效用最大化。芳蒂和戈里（Fanti & Gori，2010）在新古典一般均衡世代交叠模型中研究降低缴费率对现收现付制养老保险收支平衡的影响，研究结果显示通过降低工作人口缴纳的工薪税可以增加现收现付制养老金⑥。博克豪瑟和特纳（Burkhauser & Turner，1985）提出判断养老保险缴

①　吴孟兆. 养老保险的替代率和缴费率分析［J］. 世界经济情况，2007（12）：45 - 47，28.

②　陈曦. 城乡基础养老保险一元化缴费率研究［D］. 沈阳：辽宁大学，2015.

③　穆怀中，陈洋，陈曦. 基础养老保险缴费率膨胀系数研究［J］. 经济理论与经济管理，2015（12）：44 - 54.

④　Samuelson P. A optimum social security in a life-cycle growth model［J］. International Economic Review，1975（10）：539 - 544.

⑤　Arjona R. Optimal socia security taxation in Spain［J］. FEDA'S Series Studies on the Spanish Economy，2000（8）.

⑥　L Fanti，L Gori. Increasing PAYG pension benefits and reducing contributions rates［J］. Economics Letters，2010（5）：81 - 84.

费率的适度性标准，从养老保险缴费率对劳动力供给和职工储蓄决策造成的扭曲程度来判断费率水平的适应性状况①。

1.2.2 影响企业养老保险缴费率变动因素研究

康传坤和楚天舒（2014）在 OLG 模型框架内通过数值模拟发现社会统筹缴费率随着退休年龄的推迟呈现出下降的趋势。除了受到退休年龄的影响，最优社会统筹缴费率还受到物质资本弹性、资本折旧率等因素影响。在合理的参数设定下，降低社会统筹缴费率养老保险制度仍可持续运行。陈曦（2017）研究发现在基金收支平衡的约束条件下，如果想要达到降低企业养老保险缴费率又要维持基金收支平衡，需要有效提高养老保险覆盖面和遵缴率，提高财政补贴力度，发挥中央财政转移支付功能，提高企业年金覆盖率②。张锐和刘俊霞（2017）指出在养老保险精算平衡下，下调费率的同时必须坚持提高统筹层次、增加征缴力度、落实缴费基数、扩大养老保险覆盖面、延迟退休年龄等相协调才具有可行性。

穆怀中（2006）提出了养老保险缴费率的梯度方案，认为降低企业缴费率须从制度内入手降低养老金替代率和制度赡养率，从制度外入手解决途径包括有效化解历史转制成本、资金来源多元化、收缴率的进一步提高和资金管理效率的提升③。

穆怀中等（2015）研究发现缴费率膨胀系数是当前企业养老保险缴费率高的原因，提高覆盖率和遵缴率对抑制膨胀系数有重要作用，开放生育政

---

① Burkhauser, Turner. Is the social security payroll tax [J]. Public Finance Quarterly, 1985（7）：253 – 267.

② 陈曦. 养老保险降费率、基金收入与长期收支平衡 [J]. 中国人口科学, 2017（3）：55 – 69.

③ 穆怀中. 中国养老保险制度改革关键问题研究 [M]. 北京：中国劳动与社会保障出版社, 2006.

策和实施适度的延长退休政策，可以降低平衡收支中的合意缴费率，建立提高覆盖面、遵缴率和降低赡养比的联动机制，保证养老保险体系的健康可持续发展①。李珍（2000）通过对统账制度收支平衡的分析，认为高养老保险降费率是养老保险基金失衡的主要因素，要以降低养老保险缴费率作为解决收支平衡的突破口，以降低养老保险缴费率、促进扩大覆盖面和提高收缴率为前提，逐步提高退休年龄，降低制度赡养率才能使社会养老保险制度进入良性循环的轨道②。

1.2.3　社会保险缴费与工资转嫁

1.2.3.1　社会保险缴费无转嫁给工资

黎志刚和吴明琴（2014）基于养老保险对工资影响的实证结果发现在产业集聚的地区，员工工资和人数没有受到影响，但是企业利润显著下降了。当养老保险与工资比率上升1%时，企业利润下降1.46%。而在产业集聚程度较低的地区，企业增加养老保险与工资比率1%，工资上升1.31%③。达弗里和塔贝利尼（Daveri & Tabellini，2000）根据实证结果发现较高的劳工税带来了更高的实际工资，企业无法将其转嫁给员工，导致企业用资本替代劳动减缓了经济增长，失业率上升④。利奥纳多和卡洛斯（Leonardo & Carlos，2016）运用哥伦比亚2012年工薪税率的改革研究了降低工

---

① 穆怀中，陈洋，陈曦. 基础养老保险缴费率膨胀系数研究 [J]. 经济理论与经济管理，2015（12）：44 - 54.

② 李珍. 社会养老保险的平衡问题研究分析 [J]. 中国软科学，1999（2）：19 - 23.

③ 黎志刚，吴明琴. 中国企业养老保险支出挤出了员工工资吗？ [J]. 经济资料译丛，2014（1）：94 - 98.

④ Daveri F，Tabellini G. Unemployment，growth and taxation in industrial countries [J]. Economic policy，2000（10）：47 - 104.

薪税对企业平均工资的影响时发现，哥伦比亚在 2013~2014 年工薪税减少 13.5% 对企业支付的平均工资的影响对某些规模企业是正面的，总体的影响在短期内是相当小的[①]。立花俊明和横山由纪子（Tachibanki & Yokoyama，2008）认为日本企业社会保障缴费并没有转嫁到员工身上，而是自己承担了这一成本[②]。

1.2.3.2　社会保险缴费部分转嫁给工资

杨俊（2008）研究结果显示养老保险的实际缴费率对工资增长有显著的负向影响，平均实际缴费率每上升 1%，工资增长率将下降 0.7%，也就是缴费中的 71% 的比重被转移到工资上[③]。葛结根（2018）研究发现，社会保险缴费对就业和工资水平都具有负向影响，对就业的影响更为显著。这是因为我国的劳动力市场存在一定的工资刚性，企业的社会保险缴费很难通过大幅度降低工资水平进行转嫁，于是往往采用控制就业规模的方式来维持成本水平[④]。马双等（2014）基于养老保险的角度研究养老保险缴费对企业员工工资的影响，研究发现每增加 1% 的企业养老保险缴费率，将挤出 0.6% 的企业员工工资，同时会减少 0.6% 的企业员工福利[⑤]。

格鲁伯和克鲁格（Gruber & Krueger，1991）通过研究发现，雇主提供工人健康补偿福利的大部分成本以较低工资的形式转移到了雇员身上。他们认为美国虽然存在最低工资限制，但是工人的实际工资远远高于最低工资，

---

① Morales L F, Medina C. Assessing the effect of payroll taxes on formal employment: The case of the 2012 tax reform in Colombia [J]. Borradores De Economia, 2016: 1 – 49.

② Toshiaki Tachibanaki, Yukiko Yokoyama. The Estimation of the Incidence of Employment Contributions to Social Security in Japan [M]. Japanese Economic Review, 2008 (4): 75 – 83.

③ 杨俊. 养老保险和工资与就业增长的研究 [J]. 社会保障研究, 2008 (2): 132 – 143.

④ 葛结根. 社会保险缴费对工资和就业的转嫁效应——基于行业特征和经济周期的考察 [J]. 财政研究, 2018 (8): 93 – 104.

⑤ 马双, 孟宪芮, 甘犁. 养老保险企业缴费对员工工资、就业的影响分析 [J]. 经济学（季刊）, 2014 (3): 969 – 1000.

同时美国的健康保险法规定当雇主为员工提供健康补偿保险时，政府会向小雇主提供补贴。由于许多低工资工人受雇于小企业，这些补贴将减少雇主为低工资工人提供医疗保健的成本，二者导致最低工资可能不会成为工资调整的障碍。政府的补贴也保障雇主能够承担一部分为工人提供健康补偿福利的成本①。

欧格（Ooghe，2003）等指出如果员工认为社会保险缴费能为自己带来福利则会接受低工资形式。缴费和福利之间认同度越高，企业对工资的转嫁程度越高，欧格等利用欧盟统计局的部门面板数据估计结果表明，50%以上的社会保险费以低工资形式转嫁到企业雇员身上②。劳拉和法哈多（Lora & Fajardo，2012）在研究社会保险税对就业的影响时指出雇员对社会保险缴费价值认知的差异，对工资有显著的影响。当雇员认为社会保险税的征收对他们没有收益时，企业无法把增加的成本转嫁给雇员，社会保险税会增加用工成本，企业会减少雇员人数。当雇员视被征收的社会保险税为他们工资的一部分时，即使企业通过降低雇员工资转嫁企业用工成本，社会就业人数仍会增加③。加西亚和萨拉（Garcia & Sala，2006）研究发现北欧和英国工会有足够的议价能力通过提高会员的工资水平阻止企业将社会保险缴费转嫁到雇员身上。然而北欧和英国工会认为缴纳社会保险税，雇员可以获得更好的公共服务，也认可社会保险税缴纳当作强制储蓄或养老金保险，故接受降低工资水平④。哈默梅斯（Hamermesh，1979）对美国工人的收入受到雇主缴纳

①　Gruber Jonathan, Krueger Alan B. The incidence of mandated employer-provided insurance: lessons from workers' compensation insurance [J]. Tax Policy and the Economy, 1991 (1): 111-144.

②　Erwin Ooghe, Erik Schokkaert, Jef Flechet. The incidence of social security contributions: An empirical analysis [J]. Empirica, 2003 (6): 81-106.

③　Eduardo Lora, Johanna Fajardo. Employment and taxes in Latin America: an empirical study of the effects of payroll, corporate income and value-added taxes on labor outcomes [J]. Cuadernos de Economia, 2015, 35 (67).

④　J R Garcia, H Sala. The tax system incidence on employment: a country-specific analysis for OECD economies [R]. IZA discussion paper, 2006 (7).

的税款份额影响的动态转移过程进行了研究，研究结果表明提高社会保障税发生的税收转嫁主要发生在社会保障税提高后的第 1 年，约有 1/3 增加的税收成本转嫁到雇员工资上[1]。

1.2.3.3　社会保险缴费全部转嫁给工资

戈登（Gordon，1972）利用通货膨胀工资方程研究工资增长对劳动市场的影响。通过敏感性分析戈登得出失业率和社会保障没有相关关系。即提高的社会保障税能够全部转嫁到公司雇员身上，因此社会保障税的变化对美国劳动力市场没有影响。在文章中戈登对美国工资—物价管制的影响进行了统计评估，认为管制使得真正影响劳动力需求的因素在这扇闸门后受到了限制[2]。格鲁伯（Gruber，1997）在研究智利社会保障制度私有化改革后降低的社会保障税引起的劳动成本的降低被完全转嫁到雇员工资的增长上[3]。格鲁伯（Gruber，1994）通过研究美国生育保险对劳动市场的影响时也得出了相似的结论：参加生育保险缴费增加的企业成本完全以低工资形式转嫁给了雇员[4]。本恩马克（Bennmarker，2008）等学者解释瑞典北部地区公司削减 10% 社会保障税率对该地区就业没有影响的原因时指出，通过降低社会保障税率减少的企业成本完全被平均工资的增加所抵消[5]。

---

①　Hamermesh D. New estimates of the incidence of payroll tax ［J］. Southern Economic Journal，1975（4）：1208 – 1219.

②　Robert J Gordon. Wage – Price controls and the shifting phillips curve ［J］. Brookings Papers on Economic Activity，1972（2）：385 – 421.

③　Gruber Jonathan. The incidence of payroll taxation：evidence from Chile ［J］. Journal of Labor Economics，1997（3）：72 – 101.

④　Gruber Jonathan. The incidence of mandated maternity benefits ［J］. American Economic Review，1994（3）：632 – 641.

⑤　Helge Bennmarker，Erik Mellander，Bjorn Ocket. Do regional tax reductions boost employment？［R］. Institute for Evaluation of Labour Market and Education Policy，No. 19，2008（11）.

1.2.4　社会保险缴费率与就业

1.2.4.1　社会保险缴费率对就业无挤出效应

胡恩（Hoon，1996）利用劳动力流动模型探讨了税收结构对劳动力就业的影响。研究表明，对于利率由世界利率决定的小型开放经济体提高社会保障税率对就业的影响是中性的[①]。格鲁伯（Gruber，1997）通过分析智利社会保障制度私有化后对劳动市场的影响时发现，社会保障制度改革使得公司的社会保障税的负担6年内平均下降了25%。根据制造业企业的数据，格鲁伯发现智利社会保障税的降低对智利社会就业没有提供任何贡献。和智利情况类似，格鲁伯（Gruber，1994）研究了美国若干州和联邦政府强制雇主为所有妇女提供的全面生育保险，发现为妇女提供全面生育保险相应增加了企业劳动成本，但是劳动力市场并没有受到影响。

哈特和川崎诚一（Hart & Kawasaki，1988）通过三要素需求方程估计了要素变化对就业的影响。研究结果表明，就业水平不受所考虑的工资、不变和可变雇主社会保险税及不变和可变的非劳动成本三要素影响。降低社会保险税率不会提高就业水平，因为降低社会保险税率可能会鼓励企业提高劳动使用水平，因为在研究中发现减少雇主的社会保险税时，企业通过提高雇员的工作时间而减少了雇员人数[②]。

雷亚德（Layard，1991）等学者通过研究欧洲国家税率和失业率之间的关系时发现社会保险税和失业之间的相关性仅体现在二者同时被用来探讨时

---

① Hian Hoon. Payroll taxes and VAT in a labor-turnover model of the 'natural rate' [J]. International Tax & Public Finance, 1996 (7): 369 – 383.

② Hart R A, Seiichi Kawasaki. Payroll taxes and factor demand [J]. Research in Labor Economics, 1988 (9): 257 – 285.

间序列和截面序列数据和被用来区分各国劳动力市场的差异。社会保险税的变化和失业率之间没有相关关系，即失业率的变化不受社会保险费变化的影响[1]。

里法恩和鲍尔（Riphahn & Bauer，2002）利用方程组模拟德国社会保险税对失业的影响，研究结果发现就业对社会保险税不敏感，1977 年社会保险缴费率增加 2% 仅导致失业人数在 18 年后减少 2.8%，因此认为社会保险税对就业的影响微小[2]。博姆和林德（Bohm & Lind，1993）使用双重差分法评估地区社会保险削减对就业的影响时指出，通过准实验分析发现在瑞典一个萧条地区大幅度削减社会保险税无法促进就业，因为社会保险税率对就业无任何影响[3]。科尔马基等（Korkeamaki & Uusitalo，2008）对芬兰北部和西部沿海地区的社会保险改革政策做的评估结果和博姆和林德（Bohm & Lind，1993）研究结果一致，没有发现降低社会保险税率对就业有任何影响[4]。

1.2.4.2　社会保险缴费率对就业有挤出效应

杨俊（2003）的研究结果显示养老保险的平均实际缴费率对国有企业就业增长有显著的负面影响。平均实际缴费率每上升 1%，国有企业就业人数增长率将下降 2.93%。朱文娟等（2013）通过 2004～2010 年的省级面板数据分析发现我国社会保险缴费的快速增长对就业有挤出效应。社会保险缴

① Layard R，S Nickell，R Jackman. Unemployment：Macroeconomic Performance and Labour Market [M]. Oxford：Oxford university press，1991.

② Bauer Thomas，Regina T Riphahn. Employment effects of payroll taxes——an empirical test for Germany [J]. Applied Economics，2002（34）：865 - 876.

③ Bohm P，H Lind. Policy evaluation quality – A quasi-experimental study of regional employment subsidies in Sweden [J]. Regional Science and Urban Economics，1993（3）：51 - 65.

④ Korkeamaki O，R Uusitalo. Employment and wage effects of a payroll tax cut – Evidence from a regional tax exemption experiment [J]. International Tax and Public Finande，2008（8）：1 - 40.

费率每增加 1%，总就业量减少 0.153%，城镇就业水平减少 0.06%[①]。刘苓玲和慕欣云（2015）通过中国制造业数据的研究发现每增加 1% 水平的社会保险缴费率将显著导致企业职工人数下降 6.9% 左右[②]。陶纪坤和张鹏飞（2016）从宏观和微观两个层面分析社会保险缴费对劳动力需求的"挤出效应"。研究发现在宏观角度上社会保险缴费率每提高 1%，劳动力需求将下降 4.95% 左右；对于东部地区，社会保险缴费率每提高 1%，将显著挤出劳动力需求的 6.92%；在微观角度上社会保险缴费率每增加 1%，劳动力需求将下降 1.5%[③]。葛结根（2018）从行业角度分析社会保险费率变化导致劳动密集型行业就业水平下降 7.9%，而非劳动密集型行业就业水平下降 4.9%；低风险行业下降 7.6%，而高风险行业下降 4.3%。钱雪亚等（2018）研究发现企业实际承担的社保缴费率越高，其雇用工资越低雇用规模越小。企业实际缴费率增加 1%，雇用工资水平降低 0.033%，雇用规模减小 0.05%[④]。

格鲁伯和克鲁格（Gruber & Krueger，1991）通过对两组数据进行的估计表明，较高的保险费用对就业有负面影响，但是在统计学上对就业的影响不显著。斯泰纳（Steiner，1996）的研究表明，雇主和雇员社会保险缴费比例的增加提高了劳动成本对就业产生强烈的负面影响：雇主的社会保险缴费率每增加 1%，对劳动力需求相应地减少 0.23%[⑤]。费赖尔和斯泰纳（Freier & Steiner，2010）通过研究德国边缘就业的弹性估计，结果表明社会保险税

① 朱文娟，汪小勤，吕志明. 中国社会保险缴费对就业的挤出效应［J］. 中国人口·资源与环境，2013（1）：137－142.

② 刘苓玲，慕欣芸. 企业社会保险缴费的劳动力就业挤出效应研究——基于中国制造业上市公司数据的实证分析［J］. 保险研究，2015（10）：107－118.

③ 陶纪坤，张鹏飞. 社会保险缴费对劳动力需求的"挤出效应"［J］. 中国人口科学，2016（6）：78－87，127－128.

④ 钱雪亚，蒋卓余，胡琼. 社会保险缴费对企业雇佣工资和规模的影响研究［J］. 统计研究，2018（11）：68－79.

⑤ Viktor. Steiner. Employment and wage effects of social security financing：An empirical analysis of the west German experience and some policy simulations［R］. Leibniz centre for European Economic research，No. 96－14，1996（6）.

上调5%将减少边缘工作对工人的需求约10.7万人，或减少了工人约16小时的工作时间，他们分别指出社会保险税上涨引致的劳动力需求减少对女性劳动需求下降尤为明显[①]。库格勒等（Kugler & Kugler，2009）利用哥伦比亚制造业企业面板数据分析社会保障制度改革对劳动力市场的影响时指出哥伦比亚社会保障税上升10%，企业则会减少4%~5%的劳动需求，其中社会保障税上升对产业部门工人的影响更大[②]。索尼娅（Sonia，2013）研究发现哥伦比亚社会保障税每增加1%会导致哥伦比亚制造业企业对劳动需求下降1.2%。索尼娅更进一步发现2010年哥伦比亚政府社会保障制度改革降低的社会保障税率增加了制造业新的工作需求[③]。阿尔布雷克特（Albrecht，2008）等学者利用搜索和匹配模型通过赋值模拟后发现增加社会保险税会减少正规就业部门的平均就业时间，并大量减少正规部门就业人数，相反地增加社会保险税会增加非正规部门的规模，扩大非正规部门的就业人数，但是总体上提高社会保险税会提高整个社会的失业数量[④]。达弗里和塔贝利尼（Daveri & Tabellini，2009）在研究欧盟国家劳工税和就业时发现，有效劳工税率上升近10%会导致欧盟国家的失业率上升4%，而有效劳工税率上升10%只能导致欧盟国家每年经济增长下降0.4%。

加西亚和萨拉（Garcia & Sala，2006）在利用管理权模型研究社会保险税对劳动市场的影响时发现，在北欧式工资谈判机制和英式工资谈判机制国家，社会保险税对失业影响不显著。但是在欧洲大陆式工资谈判机制国家，

---

① Ronny Freier, Viktor Steiner. "Marginal employment" and the demand for heterogeneous labour-elasticity estimates from a multi-factor labour demand model for Germany [R]. Institute for the Study of Labor, No. 2577, 2007 (1).

② Kugler A, M Kugler. Labor market effects of payroll taxes in developing countries: evidence from Colombia [J]. Economic Development & Cultural Change, 2009 (5): 335 –358.

③ Sonia Alexandra A A. Payroll taxes and labor demand: evidence from Colombian manufacturing industry [R]. University of Barcelona, 2013 (5).

④ Albrecht J, L Navarro, S Vroman. The effect of Labour market policies in an Economy with Informal sector [J]. Economic Journal, 2008 (7): 1105 –1129.

社会保险税对失业有显著影响，尤其对存在失业黏性更高的国家社会保险税对失业的持续性影响更大。本恩马克（Bennmarker，2008）等学者指出虽然降低社会保险税对瑞典北部地区现有公司的就业没有产生影响，但是降低社会保险税率对新企业的成立有积极和显著的作用。平均而言，社会保险税率降低 1%，企业进入概率为 0.1%，通过开办新公司可能扩大就业规模。

1.2.4.3　企业养老保险缴费率与城镇就业关系研究方法

费赖尔和斯泰纳（Freier & Steiner，2010）估计了一个结构性的多因素劳动力需求模型，并针对 8 个不同的劳动力投入类别，即全职（熟练和非熟练）、传统的非全职和边缘工作（边缘就业作者给出的定义是：只有短时间工作的低薪工作，并部分豁免雇员的社会保障缴款的就业），推导出自有工资和交叉工资弹性。费赖尔和斯泰纳通过对边际就业密集型产业的弹性估计，模拟了雇主社会保障缴款增加对德国边缘工作的可能影响。里法恩和鲍尔（Riphahn & Bauer，2002）利用德国 1977～1994 年 32 个工业企业 18 年的数据建立了五个相互影响的动态要素需求方程组成的方程组，通过计算确定劳动需求的长期工资弹性，之后通过数值模拟研究德国社会保险税是否是导致德国日益严重的失业问题的主要因素。哈特和川崎诚一（Hart & Kawasaki，1988）以 1950～1982 年制造业的面板数据建立了包含工资、不变和可变雇主社会保险税及不变和可变的非劳动成本的三要素需求方程，估计了要素变化对就业的影响。研究结果表明就业水平不受所考虑的任何因素影响，降低社会保险税率不会提高就业水平，因为作者在研究中发现降低雇主的社会保险税减少了雇员人数提高了雇员的工作时间。

阿尔布雷克特（Albrecht，2008）等学者在莫滕森和皮萨里尔（Nortensen & Pissarile）模型的基础上建立一个工人可以在正规部门就业，也可以在非正规部门就业，或者在这两个部门之间进行转换的搜索和匹配模型通过数值模拟分析社会保险税对正规就业和非正规就业的影响。海杰德拉和利格萨特（Heijdra & Ligthart，2009）将劳动力市场搜索和匹配模型嵌入到一个小型的开放经济模型中，在劳动力供给内生条件下研究了降低社会保险税减少就业，同时不降低公共收入的劳动税制改革策略[①]。

达弗里和塔贝利尼（Daveri & Tabellini，2009）使用带有工会化劳动力市场的世代交叠模型，利用 1965～1991 年 14 个欧盟国家的面板数据研究劳工税（labor tax）和就业之间的关系。

博姆和林德（Bohm & Lind，1993）利用双重差分法评估了 1984 年瑞典地区社会保障税削减政策在诺尔兰地区和邻近地区制造业企业就业变化进行了评价。博姆和林德首先将两个地区的所有公司不分存续时间、规模和性质进行分析，之后将两个地区所有公司按公司存续时间、规模进行匹配并和改革前公司性质以对比的方式进行处理。本恩马克（Bennmarker，2008）等学者也采用双重差分法对瑞典北部地区公司削减社会保障税率对该地区就业影响进行了分析。科尔马基和尤西塔洛（Korkeamaki & Usitalo，2008）采用双重差分法分析 2003 年芬兰北部 14 个城市和西部沿海 6 个城市的工资税降低 4.1% 后，社会保障改革政策对就业的影响，首先选择与目标地区在失业产业结构和劳动力特征相似的地区，其次将目标地区和比较地区的公司行业雇员人数、工资总额和公司销售总额进行匹配，研究结果表明没有发现降低社会保险税率对就业有任何影响。

1.2.5 文献简要评述

本章对于企业养老保险缴费率对城镇就业效应相关文献综述主要集中在两个方面：

---

① Heijdra Ben J, Ligthart Jenny E. Labor tax reform, employment and search [J]. International Tax and Public Finance, 2009 (16): 82–104.

　　第一个方面是企业养老保险缴费率适度性研究或最优缴费率研究。现有文献对我国养老保险缴费率水平进行了充分的研究。养老保险缴费率水平研究目前主要采用三种方式：一是基于一般均衡模型构架确定企业养老保险缴费率；二是基于养老保险基金收支平衡视角确定养老保险缴费率；三是基于合意收入分配结构的企业养老保险缴费率。无论基于三种分析企业养老保险缴费率方式中的哪一种，大多数学者的研究结果都表明中国企业养老保险缴费率过高。大多数研究结果的差别仅在于对中国企业养老保险缴费率过高的程度认知有所差别。这对未来我国养老保险缴费率调整提供了重要的理论依据。

　　第二个方面是社会养老保险缴费率对雇主和雇员的影响。国内近几年对于这一方面的问题才有所关注，文献相对较少，国外对社会保险缴费率对劳动力需求和供给方面的研究比较充分。国内外学者的研究主要基于养老保险缴费率增加的企业成本转嫁程度差异而得出劳动力就业挤出效应，主要体现在三个方面：一是企业社会保险缴费所增加的成本无法转嫁给雇员，这种情况将导致对劳动力需求大量减少；二是社会保险缴费增加的成本在一定程度上可以转嫁给雇员，则依转嫁程度对劳动力需求也会减少，但是程度较低；三是社会保险缴费率的变动对就业不会产生任何影响。

　　上述研究目前还存在着一些不足。如国内外的研究主要集中在社会保险缴费水平对就业的影响，但是雇员对不同性质的社会保险（指的是养老、医疗、工伤、失业和生育）的价值认知不同，在进行分析的时候不加区分的笼统分析会影响结果的有效性。又如在国内文献中，大多数利用上市公司微观数据讨论社会保险缴费对就业的挤出效应。事实上，上市公司是中国管理最完善、经营效益最好、盈利水平最高的公司，利用经营效益好、盈利水平高的公司数据做代表推断中国其他企业特别是小型和微型企业对社会保险缴费的承受能力①②，有可能使研究结果出现较大差异，因此本研究力图弥补上述不足，主要通过宏观数据考察企业养老保险缴费率的城镇就业效应。

1.3　主要研究方法和研究内容

1.3.1　研究方法

1.3.1.1　文献研究法

本书通过国内外有关社会保险、城镇职工养老保险和就业等相关方面文献进行分析和研究，梳理已有文献对社会保险缴费率（包括养老保险缴费率）和就业（包括城镇就业）关系的研究中采用的研究方式和手段、研究内容和研究结果，为研究我国企业养老保险缴费率对城镇就业的机理提供理论和实证参考。

1.3.1.2　理论分析法

理论分析是实证分析的前提，为实证分析提供研究的方向。本书通过建立一般均衡世代交叠模型，以个人福利最大化、企业利润最大化和政府提供

---

① 根据张继良（2017）等人研究，2014年小微企业社保缴费占用工成本达到20.4%，大型企业社保缴费占用工成本达到13.6%，中型企业社保缴费占用工成本达到16.5%，小微企业分别比大中型企业高出6.8个和3.9个百分点。可以清楚看出小微企业社保缴费对企业的生产经营形成压力远大于大中型企业。

② 张继良，王兴安，张少辉. 社保缴费对小微工业企业的影响［J］. 中国统计，2017（7）：27－29.

福利最大化推导出企业养老保险缴费率理论模型。利用柯布－道格拉斯生产函数，在企业利润最大化前提下推导包括企业养老保险缴费率为核心解释变量、城镇就业为被解释变量的劳动力需求方程。基于养老保险收支平衡原理，在养老保险基金收入和支出平衡条件下推导出企业养老保险缴费率和制度内其他因素协调变动模型。

1.3.1.3　实证分析法

本书通过对理论分析中推导出的企业养老保险缴费率模型参数变量赋值，确立企业最优养老保险缴费率水平。通过劳动力需求方程确定的变量和实际需要考虑到的影响因素，充分利用各类年鉴、公报等数据建立 PVAR 模型和个体效应模型，研究我国企业养老保险缴费率对城镇就业的挤出效应。通过企业养老保险缴费率和其他制度内因素变动，推导出下调企业养老保险缴费率时其他因素如何调整以便无阻碍地调整企业养老保险缴费水平。

1.3.2　研究内容

第 1 章为绪论部分，主要就选题背景、研究意义、国内外相关文献综述、主要研究方法和研究内容、主要创新点和研究不足等进行概述。

第 2 章为相关理论部分。首先梳理了社会保险税费相关理论，进而对社会保险税（费）对就业挤出效应相关的理论进行简要阐述，为本书的研究做理论铺垫。

第 3 章为测算中国社会养老保险适度缴费率水平。测算中国企业养老保险适度缴费水平要从宏观经济建模方法入手，以世代交叠模型为基础，将生存概率看作一个变量，以修正的模型推导参数对养老保险适度缴费率的影响，为接下来的分析奠定基础。

第 4 章利用面板数据 PVAR 模型在全国范围、东部、中部和西部子样本区域，通过广义 GMM 估计对企业养老保险缴费率和城镇就业关系进行研究。之后利用脉冲响应函数对企业养老保险缴费率水平对城镇就业影响做进一步动态分析。最后利用方差分解分析企业养老保险缴费水平对城镇就业水平变动的贡献程度。

第 5 章利用静态短面板数据，采用随机效应模型，以全国样本为单位分析企业养老保险缴费率对城镇就业的挤出效应。并参考现有文献和实际情况，在劳动需求模型中，除了已有的企业养老保险缴费率、人均产出和工资三个变量外，还纳入了产业结构、信息化水平、经济开放程度、企业利润水平和城镇化水平等因素对城镇就业的挤出效应。同时利用长面板数据固定效应模型和随机效应模型对东部、中部和西部地区企业养老保险缴费水平的城镇就业挤出效应进行了分析。

第 6 章分析认为中国过高的企业养老保险缴费率对城镇就业存在挤出效应，下调企业养老保险缴费率有利于提高城镇就业水平。本章以城镇职工基本养老保险收支平衡为基础，推导出在城镇职工基本养老保险制度内影响企业养老保险缴费率下调的因素及制度内因素变动对企业养老保险缴费下降水平的影响程度。

第 7 章对本书进行总结，在此基础上提出政策建议。

1.4　研究创新与不足

1.4.1　主要创新点

本书首次通过 PVAR 模型研究企业养老保险缴费率对城镇就业水平的影

响。结果表明城镇就业水平和企业养老保险缴费率之间存在单向关系，即企业养老保险缴费水平对城镇就业水平有显著影响，而城镇就业水平对企业养老保险缴费率的影响不显著。通过 PVAR 模型脉冲响应分析发现给定城镇就业水平一个企业养老保险缴费率单位标准差正向冲击对全国范围、东部，中部和西部地区城镇就业产生负向影响，但是这种负向影响随时间推移呈现加速后缓慢下降趋势。方差分解发现企业养老保险缴费水平对城镇就业水平的短期和长期均存在影响，但是对城镇就业的短期影响要大于长期。

本书根据劳动力需求方程利用随机效用模型和固定效应模型对企业养老保险缴费率的就业挤出效应进行实证研究。实证结果表明企业养老保险缴费率对全国范围、东部、中部和西部地区城镇就业都产生抑制作用，其中企业养老保险缴费率对西部地区城镇就业挤出效应最大，对东部地区城镇就业的挤出效应小于西部地区，对中部地区的作用不显著。

本书通过敏感性系数发现在全国范围内企业养老保险缴费率敏感性系数绝对值在所有变量中对就业影响程度排在第五位，东部和西部地区排在第六位，中部地区排在第七位。随着解释变量增多，全国范围、东部和西部地区企业养老保险缴费率对城镇就业水平的影响程度不但没有降低反而越来越大，表明企业养老保险缴费率是对城镇就业影响不容忽视的因素。地区企业养老保险缴费率敏感性系数存在差异，西部地区企业养老保险缴费率敏感性系数绝对值为 0.1，东部地区的绝对值为 0.053，中部地区的绝对值为 0.0235。以 2018 年就业为例，当企业养老保险缴费率从 19% 下降到 16% 时，东部地区增加就业人数 36 万人，中部地区仅增加就业人数 7 万人左右，西部地区城镇就业人数增加 27 万人左右。

1.4.2 研究不足之处

受自身能力的限制，本书还存在着诸多不足之处，在今后的研究中还有待完善。

本书的定量分析无论是全国范围还是东部、中部和西部地区都没有针对小型企业进行深入分析。张继良等（2017）指出 2014 年小微企业社保缴费占企业用工成本的 20.4%，分别比大中型企业高出 6.8 个和 3.9 个百分点。因此小型企业养老保险缴费占企业用工成本比值更大，对养老保险缴费率的敏感度更高。但是由于小型企业养老保险相关数据的缺乏，笔者并没有对企业养老保险缴费率水平对小型企业劳动力需求进行深入分析。

本书利用随机效应模型和固定效应模型对企业养老保险缴费率对城镇就业挤出效应进行实证发现互联网普及率对城镇就业产生负向影响。互联网普及率的提高会降低城镇就业水平，这和多数文献研究结论相反。限于本书研究重点为企业养老保险缴费率的就业挤出效应，故未对互联网普及率这一结论进行深入探讨。

第2章
社会保障税费及其就业相关理论

　　本章重点探讨社会保障制度建立相关理论，经济学适度征税理论，企业养老保险税费负担水平测度，在此基础上讨论社会保障税负的就业效应机理。虽然西方在20世纪70年代进入经济滞涨时期，各经济学派对社会保障税负持批评态度，社会保障制度建立相关理论说明社会保障制度存在的必要性，经济学适度征税理论和世代交叠模型则明确指出企业养老保险费率调整幅度的大小，劳动供求和税收归宿理论、工资与物价、税收循环上升理论和议价理论从理论上表明社会保障税收对就业作用机理，系统工程理论指明企业养老保险费率调整的路径。这些理论互相关联、逐步递进，共同构成了社会保障税费及其就业相关理论框架。

2.1　社会保障制度建立相关理论

　　马克思主义公平正义观主要体现在经济领域。马克思认为按劳分配是必要的，但是按劳分配存在不平等。在社会化大生产条件下，由于大量使用机器，劳动者承受的风险逐步增加。资本主义社会财富的创造和积累是以资本家牺牲工人利益为代价的，造成了贫困，使工人生活没有保障。马克思主义认为要实现社会公平正义需要通过国民收入的分配和再分配。即通过发挥社会保障制度在分配机制上的功能满足部分特殊社会成员的基本物质生活需要。在这一过程中，马克思强调政府是社会保障制度的责任主体。

约翰·罗默（John B. Roemer，2017）是分析马克思主义学派的代表性人物。他提出资本剥削源于初始分配的不平等。这种不平等根源于生产资料私有制。罗默认为在一个社会中，成员之间必然存在差异，一些人即使努力还会由于非个人原因陷入困境，对于这一人群进行利益补偿是分配正义的必然要求①。罗默主张以税收方式为社会大众提供较高的社会福利和社会保障水平。

新历史学派受当时德国阶级矛盾日益尖锐、工人运动不断高涨影响，积极提倡国家福利思想。新历史学派主张政府加紧社会改良，通过扩大政府对工人的保障和福利责任救济有需要的人群，实行劳资合作，用温和方式调整社会关系②。为达到上述目标，新历史学派主张推行社会税收政策，如瓦格纳提出累进税制财富再分配等赋予税收广泛的经济条件和社会职能，改变财产分配不公正的矛盾。在新历史学派影响下德国在19世纪开创的社会保险政策在二战后使社会保障及相关税负不断提升，社会保障体系在欧美得到迅速发展。

社会保障（包括社会保险）从建立之初就体现对社会底层人员的关怀和照顾。在社会经济发展过程中，通过社会保障制度对资源的合理分配促进社会正义。社会正义是社会保障的本质要求，也是社会保障制度存续与否的标准。社会保障制度相关理论提出社会保障要为社会成员提供基本的生活保障，使其不会因年老或其他原因丧失劳动能力而无法维持基本生活是社会保障制度存在的理由。

---

① 约翰·罗默. 分配正义论 [M]. 张晋华，吴萍，译. 北京：中国科学文献出版社，2017.
② 胡宏伟，邓大松. 新历史学派、德国实践与我国医疗改革——兼论我国医疗保障改革设想 [J]. 陕西行政学院学报，2007（4）：5 – 11.

2.2 社会保险缴费适度征缴相关理论

2.2.1 经济学中适度税收原则

法国重农学派创始人魁奈（Fransois Quesnay）在其《赋税论》指出租税不应过重到破坏的程度，应当和国民收入的数额保持均衡，必须随收入的增加而增加[①]。威廉·配第（William Petty）在《赋税论》中提出征税过多，会使人们丧失继续作业的动力，导致作业减少[②]。亚当·斯密（Adam Smith）在《国富论》中提出除了缴税平等、赋税确定和方便征收的原则外，还认为税收征收要适度，不可多于国家最终的收入。亚当·斯密指出：过多征税使得人们投资商业活动积极性减少，因此而产生的款项萎缩，且过高的税收产生了较大的逃税诱惑，对逃税的严厉惩罚又使得资本持有者丧失较大的投资收益[③]。萨伊（Say）认为税收在事实上剥夺了纳税者用以满足个人愿望或用以再生产的产品，它会减少需求，受课税影响的产品供给也会减少，纳税人的享受减少，生产者的利润减少，国库收入减少，税收难以成比例增加。因此，横征暴敛会使私人陷入贫困而国家依旧不能富有。为此，萨伊在亚当·斯密的征税原则基础上强调，税率要尽可能降低，且在最低程度上只对纳税人有影响而不增加国库的负担[④]。西斯蒙第（Sismondi）认为

---

① 魁奈. 魁奈经济著作选集 [M]. 北京：商务印书馆，1997.
② 威廉·配第. 赋税论 [M]. 北京：华夏出版社，2017.
③ 亚当·斯密. 国富论 [M]. 上海：译林出版社，2018.
④ 萨伊. 政治经济学概论 [M]. 北京：商务印书馆，1998.

税收应该是轻税和不伤及资本。为此西斯蒙第提出了国家征税量的界限，即对穷人要免税，以维持其基本生活的需要。"如果赋税接触到生活需要，以致使纳税人无法生活时，则应对这部分收入免税。根据人道的原则，应该说最重要的是永远不能使赋税触及纳税人生活所需的收入"，对富人也不能重税，以避免出现资本外逃①。

凯恩斯（Keynes）认为国家实施的政策主要是财政政策和货币政策。财政政策运用的策略是当经济衰退时政府应该实施减税和扩大政府开支政策，因为减税既可以起到"内在稳定器"的作用，又能刺激消费需求的扩大。通过税收可以对人们的储蓄倾向施加影响，有时这种影响比调整利息率对储蓄倾向还要大。但是凯恩斯认为不能过度使用税收手段，因为如果对富人的收入和财富用税收调节过度，就可能发生逃避税收的事情。再者，征税过度就会影响人们的储蓄倾向，而影响到了人们的储蓄倾向对资本的增长是不利的②。汉森（Alvin Hansen）认为税收政策对应付经济危机、经济波动和促进经济增长有很大作用。在经济危机中，单靠扩大财政支出来扩大社会需求很有限，而减免税收更能直接而迅速地产生扩大需求的效果。在应付经济波动时，运用税收调节需求比运用利润调节的收效更大。在促进经济增长时，汉森主张用较低的累进制所得税率，来鼓励私人消费和投资支出，并对投资于固定资本的部分根据情况应实行减税和免税③。

弗里德曼（Milton Friedmann）认为税率过高会使纳税人设法逃税和避税，而不愿从事生产性投资，影响经济的增长，从根本上影响人们财富和收入的增长。"规定一系列较低的税率再加上使一切收入的来源比较平均地纳税的更为全面的征税标准能使赋税的归宿较为累进，使执行的细节较为公平合理，并且使资源遭受较少的浪费。如果通过降低所得税的边际税率，减少所

---

① 西斯蒙第. 政治经济学新原理 ［M］. 北京：商务印书馆出版，1998.
② 凯恩斯. 就业、利息和货币通论 ［M］. 北京：商务印书馆，1999.
③ 丁冰. 当代西方经济学流派 ［M］. 北京：北京经济学院出版社，1993.

得税级距，征税的效率会提高，征税的公平性也会在征税的过程中得到解决，从整个社会看资源得到了节约，所得税调节人们收入和财富的效果会更好。"[1]

2.2.2 世代交叠模型

萨缪尔森（1958）和戴蒙德（Diamond，1965）等人在生命周期理论的基础上提出了世代交叠模型（OLG 模型）。在世代交叠模型中：任何时期都有个人生存，并且保证在任何时期，都至少有一代人存活，每一代人在其生命周期的不同阶段都与其前代和后代人进行交易。简单的世代交叠模型同生命周期理论一样将人的一生分为两个时期：青年期和老年期。在任何一个时点都有青年人和老年人存活，包括青年人和老年人在内都希望自己的终身效用最大化。世代交叠模型假设个人、企业和政府的行为会随时间持续影响经济动态。在世代交叠模型中假设个人在青年期工作，在老年期退休。在青年期主要是消费和储蓄，储蓄的目的在于老年期能够有足够资本进行消费，实现个体终身效用最大化。企业通过雇用资本和劳动等生产要素进行生产以实现利润化最大目标。政府可以通过影响个人和企业的行为来干预其决策过程。在利用世代交叠模型分析职工基本养老保险制度时，模型中最关键的政策变量是政府设定的企业缴纳的养老保险费率。政府在养老保险制度中的职责体现在两个方面，一是制定企业养老保险费率，二是制定政策确保社会福利最大化。

世代交叠模型是分析城镇职工养老保险缴费率适度与否的有力工具。在世代交叠模型中引入政策变量企业养老保险缴费率，并在经济均衡状态中寻求最优缴费率，将其与目前企业养老保险缴费率对比，为企业养老保险缴费率的调整幅度提供理论依据。另外通过将企业养老保险费率调整到最优水平在使社会全体成员实现终身效用最大化的同时实现社会经济均衡发展。

---

① 弗里德曼．资本主义与自由［M］．北京：商务印书馆，1999．

2.3 社会保险税负的就业效应相关理论

2.3.1 劳动供求和税收归宿理论

萨默斯（Summers）认为同其他税收一样，企业需要缴纳社会保障税，但是缴纳的社会保障税会增加企业用工成本，而雇员视社会保障税是否为其福利的态度决定劳动力的供给。

劳动力需求方程：$L_d = f_d(w(1 + \tau_c))$

劳动力供给方程：$L_s = f_s(w(1 - \alpha\tau_e) + w\beta\tau_c)$

其中，w 是劳动者工资总额，τ_c 是企业社会保险缴费率，τ_e 是职工社会保险缴费率，α 是劳动者对个人社会保险缴费率相较于工资税的比较系数，β 是劳动者对企业社会保险缴费与认知企业社会保障福利比较系数。当 $\beta = 1$ 时，劳动者视社会保险缴费等同于社会保险提供的福利，此时企业增加的社会保险费支出将全部转嫁到员工工资上，即企业的社会保险支出全部被转嫁至员工身上。如果 $\beta = 0$，即员工认为社会保险对其并没有货币价值，此时企业所支付的社会保险缴费等同于税收，企业的社会保险支出完全不能转嫁至员工身上。

萨默斯认为如果工人认知从其企业征收的社会保障税所减少的工资与为其提供的社会保障福利等值，工人愿意接受与提供的福利相同的低工资，那么由于征收社会保险税所导致的低工资对就业的影响可能很小，甚至无影响。如果工人认知从其企业征收的社会保障税所减少的工资低于为其提供的社会保障福利，工人不会接受低工资，则企业必须承担一部分成本，结果对就业会有较大影响。而且这一机制只有在向缴费者本人提供福利的情况下才起作用，否则雇员就没有理由接受较低的工资。社会保险税对就业的影响取决于雇员对社会保险税作用的态度，那么政府为什么会采用社会保险税的形式提供法定福利呢？萨默斯认为国家向国民提供的福利有两种方式：一是政府直接提供公共福利，二是政府提供法定福利。在萨默斯之前，大部分经济学家认为，法定福利只是变相的税收和支出措施，但萨默斯认为在效率和分配结果上法定福利虽然不如公共福利公平，但是比公共福利更有效率，从而节省了许多政府提供公共产品的低效率。同时，法定福利一般允许雇员有比公共福利更多的选择。从而有效地避免了税收的无谓损失。

2.3.2 瑞典学派：工资与物价、税收循环上升模型[①]

瑞典学派（Swedish School）又被称为斯德哥尔摩学派，始于19世纪末20世纪初，形成于20世纪二三十年代。

充分就业是瑞典学派研究的重要内容之一。实际上，瑞典政府自20世纪30年代以来，也一直把充分就业作为宏观经济政策的首要目标，瑞典学派主张运用税收减免等财政补贴方式扶持亏损企业以减少失业和维持全社会既有的就业水平。伦德贝格（Lundeberg）是瑞典著名经济学家，1975 ~ 1980年间任诺贝尔奖经济委员会主席。伦德贝格在1957年出版的《经济周期和经济政策》和1974年出版的《通货膨胀与失业》两本书中提出了工资与物价、税收循环上升模型，用以说明工资与物价、税收的关系及对就业的影响。

$$WM = \frac{1}{\dfrac{1-T_m}{1-T_a} - k}$$

---

① 丁冰. 当代世界十大经济学派丛书——瑞典学派［M］. 武汉：武汉出版社，1996.

其中，WM 表示实际工资上升的预期物价弹性；

T_m 和 T_a 分别表示边际税率和平均税率；

k 表示价格增长率与自主工资增长率的比率，即 $k = \dfrac{\dfrac{\Delta p}{p}}{\dfrac{\Delta w}{w}}$。

伦德贝格指出，工会在提出增加工资时不仅要考虑到已经发生的价格和税收的上升，而且要考虑到预期的价格和税收的增加，以求得充分的工资补偿。工资与物价、税收的循环上升，势必造成企业生产成本上升，对就业也形成压力。实际上，自二战之后，瑞典实际工资的增长部分是依靠就业的减少而获得较大增长的。

2.3.3　工资与就业议价理论——管理权模型[①]

企业与职工之间工资和就业议价理论经过几十年的发展和完善，现在已成为研究劳动力市场上工资和就业决定机制时的常用方法，其中管理权模型是典型代表之一。管理权模型是由尼科尔（Nickell）和安德鲁斯（Andrews）发展起来的。该模型认为企业和工会进行议价的目标既包括工资也包括就业。模型假定企业与工会之间进行谈判的目标是工资，而雇用职工的权利只属于企业一方。工会的目标是为每个工会会员争取工资水平最大化，企业的目标是实现企业利润最大化。在议价过程中，如果双方不能达成协议，企业无法获得利润，职工无法获得工资。企业雇用职工的数量依赖于工会的议价能力。

在工会和企业进行合作博弈议价决定工资时，当工会相对议价能力为 0 时，工会成员只能得到保留工资，此种情况企业会将社会保险缴费增加的成本以低工资形式转嫁给雇员，企业因此不会裁员，对劳动力就业不会产生影

---

① 陆铭. 工资和就业的议价理论——对中国二元就业体制的效率考察［M］. 上海：上海三联书店、上海人民出版社，2004.

响。当工会相对议价能力趋于无穷大时，企业职工可以获得较高的工资。这时如果企业认为工资上涨超过劳动效率，则企业可以在不受工会约束的条件下单方面减少工人雇用人数以降低企业成本，结果是工人全部失业。工会议价能力在 0 和无穷大之间随着工会议价能力的提高，企业雇用工人数量逐渐降低。管理权模型认为，如果工资具有某种刚性，例如政府设定最低工资时，在出现外来冲击的情况下工资不会受到任何影响，需要调整的只有就业。

2.4 社会养老保险缴费率调整相关理论

系统论产生于 20 世纪 40 年代，是贝塔朗菲（Bertalanffy）在研究生物科学的基础上提出的。贝塔朗菲认为"系统是处于一定相互联系中的与环境发生关系的各组成成分的总体。"[1] 钱学森认为"系统是由相互联系，相互作用的若干组成结合成的具有特定功能的有机整体。"[2] "用系统科学观点对事物进行综合研究结果表明：决定事物系统整体及其性质取决于两个方面，一是构成这些系统的基本要素的性质及其排列组合状态，二是构成整体的各要素之间的相互作用、相互联系和影响是系统与其所处的环境之间进行物质、能量和信息的交换。在这一过程中，存在着系统在环境作用下的调节作用。这种调节作用可能有两个方面的后果：一是保持自身的稳定状态；二是进行要素和结构的重新组合，从而产生新的功能，以适应环境的变化。"[3] 即构成系统的要素之间进行着物质、能量和信息不断变换和传递运动，以及相互作用的要素构成的整体与其外部环境之间的物质、能量和信息不断变换，而且系

---

[1] 贝塔朗菲. 一般系统化 [M]. 北京：清华大学出版社，1987.
[2] 钱学森. 社会主义现代化建设的科学和系统工程 [M]. 北京：中共中央党校出版社，1987.
[3] 程炳德. 以系统论的基本观点论语文教育整合 [D]. 南昌：江西师范大学，2003.

统在运动中通过各种调整措施，使整个系统始终保持着一种相对平衡的状态。

城镇职工基本养老保险制度作为一个系统，职工基本养老保险制度参数：养老保险缴费率、覆盖率、遵缴率、职工缴费基数和退休年龄等因素可以看作系统内的因素，这些因素相互联系相互制约并统一于养老保险系统，系统内参数的调整是基于系统内部或外部环境的信息反馈而进行的。如果以系统工程理论观点看，企业普遍认为养老保险费率过高，这种外部压力与系统进行信息交换要求决策者制定政策降低企业养老保险费率。企业职工基本养老保险制度各参数之间存在相互联系、相互制约的关系。降低企业养老保险费率必然要求系统内其他要素发生变动以适应新的系统平衡，即降低企业养老保险费率会导致养老保险基金收支失衡或加剧收支失衡。为保证基本养老保险制度持续运行，需要将养老保险覆盖率、遵缴费、职工缴费基数、延迟退休年龄等因素联动，使整个养老保险系统始终保持一种相对平衡状态，保证养老保险制度持续稳健运行。

系统工程论说明，作为养老保险制度的重要参数之一的企业养老保险费率直接关系着整个养老保险制度的持续稳健运行，我们应当从系统的整体性、关联性和动态平衡性等方面去审视企业养老保险缴费率的调整对养老保险其他参数的影响，进而得到所有参数的联动对养老保险体系的影响。

2.5　本章小结

社会保障税费及其就业相关理论对于探讨我国企业养老保险缴费率水平对城镇就业的影响有现实的指导意义。社会保障制度建立相关理论是保障社会公平和实现社会进步的手段，是任何人都有权享受的基本的自由权。在包括马克思、罗默、新历史学派等的论述中，都直接或间接表述了社会保障是实现公平正义的手段之一，表明在一个社会中要维持公平正义必然要建立并维持社会基本养老保险制度正常运行。

社会保险缴费具有的强制性和固定性的特征也是税收的重要特征，而对于企业来说，社会保险缴费具有义务性、无偿性的特征，这使得企业社会保险缴费具有了明显的税收性质，部分发达国家的社会保险也正是以税收的形式来征收的[①]。经济学中适度税收原则是保障企业社会保险缴费必须在合理范围内征收的理论依据。世代交叠模型是计算最优企业养老保险费率最常使用的分析工具。世代交叠模型通过个人效用最大化、企业利润最大化及社会福利最大化寻找企业最优缴费率，为企业缴费率降低幅度提供理论依据。

劳动供求和税收归宿理论、工资与物价、税收循环模型、议价理论—管理权模型从多个方面阐述了企业社会保障税的征缴如何影响到企业的劳动需求决策。劳动供求和税收归宿理论认为公司员工对社会保障缴费的认知价值决定了企业的劳动需求，当员工认为社会保障缴费是福利时，能够接受低工资从而对劳动力市场无影响或较小影响。工资与物价、税收循环模型认为如果工资与物价、税收循环上涨，势必导致企业减少劳动需求。议价理论—管理权模型从工会议价能力方面讨论对就业的影响。当工会议价能力相对较强时，企业必然减少劳动需求数量以达到利润最大化目标。

系统工程理论认为系统内部各要素之间是相互联系、相互制约的，系统外部因素也会对系统变动产生影响。本书认为系统工程理论说明作为养老保险制度的重要参数的缴费率的调整应该从系统的整体性变动角度调整养老保险费率。

---

① 赵海珠.企业社会保险缴费的就业效应分析［D］.北京：首都经济贸易大学，2017.

第3章
中国企业养老保险缴费率水平测度

我国建立的城镇职工基本养老保险从制度上保障了退休人员的基本生活，解除了其后顾之忧。但是随着我国人口老龄化问题的加剧，到 2018 年中国 65 岁及以上的人口占总人口的比重达到 11.9%[①]，人口老龄化所引发的城镇职工养老保险收支失衡问题已经不容忽视。

中国社会养老保险目前面临的困境是：一方面我国社会养老保险收支失衡问题日益严重。2016 年黑龙江、辽宁、河北、吉林、内蒙古、湖北、青海 7 个省份养老保险当期收不抵支。根据《中国养老金精算报告 2019 ~ 2050》指出，如果不考虑中央调剂金制度，2019 年当期收不抵支省区高达 16 个。2019 年有 5 个省份可支付月数低于警戒线，2023 年可支付月数低于警戒线的省份会增加到 10 个，到 2028 年增加到 13 个。另一方面企业普遍反映社会保险缴费负担较重。2018 年人民网对企业的调查发现，企业反映最大的两个问题中的一个就是用人单位缴纳的社会保险缴费比例过大。刘洪新（2009）、林宝（2010）、詹长春（2013）等学者也通过实证分析认为中国企业养老保险缴费水平明显偏高。如果要维持城镇职工养老保险平稳运行，上调企业养老保险费率是快速有效的方法，然而上调企业养老保险费率

---

① 资料来源于 2018 年国民经济和社会发展统计公报。

会使得业已偏高的企业缴费率会进一步加重企业的负担，降低企业参保的积极性，甚至以各种方式逃避养老保险缴费，反过来对城镇企业职工养老保险平稳运行产生负面的影响。根据《中国企业社保白皮书2017》可知，2015年缴费基数合规企业占比38.4%，2017年社保缴费基数合规企业仅占24.1%，3年下降了14%。

本章在对我国城镇企业职工养老保险缴费率变化的历程进行梳理的基础上，在人口老龄化和经济转型的背景下，通过引入不定期寿命修正的世代交叠模型计算我国企业应该缴纳的最优合理的养老保险费率，分析我国企业缴纳的养老保险费率是否存在下调空间及下调的程度，为我国下调养老保险缴费水平，降低企业非劳动工资成本，激励企业扩大雇用规模，缓解社会就业压力提供理论支持。

3.1　企业养老保险缴费率改革历程

我国经济体制经历了计划经济和市场经济两个阶段，与经济体制变化相适应的基本养老保险制度也经历了两个阶段，即计划经济体制下的"国家—企业"职工养老保险模式和市场经济体制下的"统筹账户和个人账户相结合"的城镇职工养老保险模式①。在养老保险制度变化的过程中，我国企业缴纳的养老保险费受所有制形式和收入分配等因素影响，也经历了一个变化过程。

（1）"国家—企业"职工养老保险模式的企业缴费率。

1949年中华人民共和国成立之后，社会养老保险参照苏联模式建立了

---

① 中国的社会养老保险共有城镇职工养老保险、城镇居民养老保险和农村居民养老保险，其中以城镇职工养老保险为主。

"国家—企业"养老保险制度。1951年2月国家颁布了《中华人民共和国劳动保险条例》，并于1953年进行修订。条例规定"劳动保险的各项费用，全部由实行劳动保险的各企业行政方面或资方负担，其中一部分由各企业行政方面或资方直接支付，另一部分由各企业行政方面或资方缴纳劳动保险金"，企业所缴纳的劳动保险金为"按月缴纳相当于该企业全部工人与职工工资总额的3%"[①]。

1969年2月，财政部发布《关于国营企业财务工作中几项改革意见》，宣布"国营企业一律停止提取劳动保险金""企业的退休金、医疗费用和其他劳保开支，改在营业外列支"，从而取消了社会统筹的养老保险制度，实际上将退休人员提供养老的责任完全落在企业身上，社会保险退化为企业保险，加重了企业负担。

（2）"统筹账户和个人账户相结合"城镇职工养老保险模式的企业缴费率。

1984年国家实行养老保险的制度改革。在广东省江门市和东莞市、四川省自贡市、江苏省泰州市、辽宁省黑山县开展退休费用社会统筹试点。1986国务院颁布了《国营企业实行劳动合同制暂行规定》，规定对劳动合同制工人实行社会保险制度，退休金由企业和劳动合同制工人缴纳，不足时由国家给予补助。企业缴纳劳动合同制工人工资总额的15%，劳动合同制工人缴纳本人工资标准的3%[②]。

1991年国务院发布《关于企业职工养老保险制度改革的决定》（以下简称《决定》）标志着我国基本养老保险制度正式确立。《决定》规定养老保险由国家、企业、个人三方共同负担，企业缴费比例由地方政府确定，如1991年北京单位缴费率为18%，上海企业缴费率为25.5%，深圳企业养老保险缴费率为19%，天津企业缴费率为18%，个人缴费比例不超过个人工资的3%。

---

① 3%劳动保险金支付包括疾病、工伤、养老和生育的补助的部分，其余由企业直接支付。
② 1986年《国营企业实行劳动合同制暂行规定》中明确退休金包括了退休费、医疗费、丧葬补助费、供养直系亲属抚恤费、救济费。

1995 年《关于深化企业职工养老保险制度改革的通知》正式全面实施社会统筹和个人账户相结合的养老保险模式。企业社会养老保险缴费率由地方政府确立，如北京规定企业缴费率为 19%，天津企业缴费率为 20%，上海企业养老保险缴费率为工资总额的 25.5%，深圳企业养老保险缴费率根据企业性质不同分为 11%~16%，个人缴费率为 5%。

1997 年国务院发布的《关于建立统一的企业职工基本养老保险制度的决定》明确了建立统一的城镇企业职工基本养老保险制度，规定企业缴纳基本养老保险费的比例，一般不得超过企业工资总额的 20%。个人缴纳部分 1997 年不低于本人工资的 4%，1998 年后每两年提高 1 个百分点，最终达到本人缴费工资的 8%。

2005 年国务院颁布的《关于完善企业职工基本养老保险制度的决定》中规定，企业养老保险缴费比例为工资总额的 20%，个人缴费比例为 8%，至 2016 年 4 月前各省份职工基本养老保险个人缴费比例为 8%。在企业养老保险缴费中，上海缴费是 21%，山东和福建缴费是 18%，广东和浙江缴费是 14%，其他省份缴费均是 20%。

2016 年人力资源社会保障部、财政部下发《关于阶段性降低社会保险费率的通知》规定，企业职工基本养老保险单位缴费比例超过 20% 的省份，将单位缴费比例降到 20%，单位缴费比例为 20% 的且去年底基金累计结余可支付月数超过 9 个月的省份，可以阶段性降低至 19%。到 2018 年共 19 个省份企业养老保险费率下调到 19%，上海由 21% 降至 20%，广州从 2015 年开始将企业养老保险缴费率从 20% 调整至 11%。

2019 年 4 月 4 日，国务院办公厅印发的《降低社会保险费率综合方案》中最重要的内容之一就是各省份养老保险单位缴费比例的调整。方案要求高于 16% 的可降至 16%。目前，天津、河南、四川、湖南、黑龙江、河北、西藏、广东、山西、辽宁、甘肃、吉林、内蒙古、广西、山东、青海、上海、北京、海南、福建、安徽、宁夏、重庆、江西、贵州、新疆和江苏等

30 个省份养老保险缴费率降至 16%。

3.2 城镇职工基本养老保险世代交叠模型

世代交叠模型即"overlapping generation model"（简称 OLG 模型，后文即以 OLG 模型替代世代交叠模型）。最早的 OLG 模型由萨缪尔森（Samuelson，1958）和戴蒙德（Diamond，1965）提出。至今 OLG 模型已发展成为分析养老保险缴费率水平的基础模型。

OLG 模型假设个人、企业和政府行为会随着时间持续影响经济动态。模型首先从每一代人中选出一个个体作为代表，然后将个体推广到所有存活的个体。根据出生日期个体被分配到特定存活世代中，并且保证在任何时候，都至少有一代人存活。每代人在其生命周期的不同阶段都会和其前代或后代人进行交易。

最简单的 OLG 模型假设一个人的生命分为两期：青年期和老年期。对于个体而言首先进入工作期，到达老年之后就进入退休期直至死亡。对于所有个体即整体，年青一代和老年一代在同一时期共同生活，而且在任何时候都至少有一代人存活。每代人在其工作期和退休期都会和其前代或后代人进行交易。

本章在社会统筹账户和个人账户相结合的部分积累制下，引入生存不确定性，将模型扩展为具有生存不确定性的两期世代交叠模型，对社会福利最大化下的最优企业养老保险缴费率进行研究。

3.2.1 个体决策

在一个永久存续的经济体中存在众多的个体。假设每个个体在生命期间只生存两期：青年期和老年期，个体在青年期工作、消费、储蓄。由于生存的不确定性，生存至老年期的个体会依靠青年期的储蓄和退休期社会养老保险金进行消费。此外我们假设代际人口的增长率为 n。个体会通过消费来使自己一生的效用最大化。

在本章中，效用函数我们采用等弹性效用函数 $U(C_t) = \ln C_t$ 形式，这种 t 时期出生的典型个体在生命周期内效用函数可表示为式（3－1）：

$$U_t = \ln C_t^Y + pv \ln C_{t+1}^O \qquad (3-1)$$

其中，Y 表示青年期，O 表示老年期，P 为在退休期的生存概率，$P \in (0, 1]$，V 是主观效用贴现率，反映了个人对于当前消费和未来消费的偏好程度。

在我国目前社会统筹和个人账户相结合的养老保险制度下，个人缴纳的养老保险费用进入个人账户，个人账户属于基金性质，实际上是一种强制性储蓄行为，因此把个人账户视为私人储蓄，不再进行分开处理①。对于代表性个体，青年期个体提供一单位劳动，获得工资收入 W_t。工资 W_t 分成两部分：一部分进行现期消费 C_t^Y，另一部分进行储蓄 S_t。此外还要缴纳 τ 费率的企业养老保险费，用于代际间的社会统筹。由于生存的不确定性，青年期的个体还会从上一期没有存活到最后的上代人那里继承遗产 B_t。因此，个体两期的预算约束条件为式（3－2）和式（3－3）：

$$C_t^Y = (1 - \tau) \times W_t + B_t - S_t \qquad (3-2)$$

$$C_{t+1}^O = (1 + r_{t+1}) \times S_t + E_{t+1} \qquad (3-3)$$

其中，τ 是企业缴纳的养老保险费率，r_{t+1} 是储蓄的利率。本章假设从青年期存活至老年期的个体将不再工作，不存在工资收入，个体作为纯消费者存在。个体用存款及利息和社会保险养老金 E_{t+1} 进行消费。

将式（3－3）代入式（3－2）中得到终身预算限制，如式（3－4）

---

① 康传坤，楚天舒. 人口老龄化与最优养老金缴费率［J］. 世界经济，2014（4）：139－160.

所示：

$$(1 - \tau) W_t + B_t + \frac{E_{t+1}}{1 + r_{t+1}} = C_t^Y + \frac{C_{t+1}^O}{1 + r_{t+1}} \qquad (3-4)$$

其中：

$$B_t = \frac{1 - p}{1 + n} \times (1 + r_t) \times S_t$$

青年个体通过选择 C_t^Y 和 C_{t+1}^O 来使自身效用 $U_t = \ln C_t^Y + pv \ln C_{t+1}^O$ 符合个体终身预算的需要，那么基于此的拉格朗日函数是：

$$\max_{C_t^Y, c_{t+1}^O} U(C_t^Y, \ C_{t+1}^O) = \ln C_t^Y + pv \ln C_{t+1}^O + \lambda \Big[(1 - \tau) + W_t$$

$$+ B_t + \frac{E_{t+1}}{1 + r_{t+1}} - C_t^Y - \frac{C_{t+1}^O}{1 + r_{t+1}} \Big]$$

其中，λ 是拉格朗乘数，取得最大值的一阶条件是：

$$\frac{1}{C_t^Y} - \lambda = 0$$

$$pv \frac{1}{C_{t+1}^O} - \frac{1}{1 + r_{t+1}} \lambda = 0$$

可以得出：

$$C_{t+1}^O = pv(1 + r_{t+1}) C_t^Y \qquad (3-5)$$

3.2.2 企业决策

我们假设在一个永续的经济体中存在为数众多的同质生产性企业，企业通过借贷当前老年期的资本 K_t，雇用青年劳动力 L_t 来生产产出量 Y_t。

$Y_t = F(K, \ L)$ 是规模报酬不变齐次线性函数[1]。

$$r_t + \delta = F_k(K_t, \ L_t)$$

---

[1] 齐次线性函数即 $F(\lambda K, \lambda L) = \lambda F(K, L)$。

$$W_t = F_L(K_t, L_t)$$

其中，$F_k(K_t, L_t)$ 是资本的边际产品；$F_L(K_t, L_t)$ 是劳动的边际产品；δ 是资本折旧率。

本章运用规模报酬不变的柯布 – 道格拉斯（Cobb – Douglas）企业生产函数，则：

$$Y_t = F(K, L) = AK_t^{\alpha}L_t^{1-\alpha}$$

其中，Y_t 为企业总产量，A 为外生给定的技术进步水平，K_t 为 t 时刻的资本存量，L_t 为 t 时刻的劳动力，α 为资本的收入份额，反映了资本对产出的贡献，$0 < \alpha < 1$，$1 - \alpha$ 为劳动的收入份额，反映了劳动对产出的贡献。首先对资本和劳动求其一阶和二阶导数，看其是否满足边际报酬递减的条件。

$$\frac{\partial Y_t}{\partial K_t} = A\alpha K_t^{\alpha-1}L_t^{1-\alpha} > 0$$

$$\frac{\partial Y_t}{\partial K_t} = A(1-\alpha)K_t^{\alpha}L_t^{-\alpha} > 0$$

$$\frac{\partial^2 Y_t}{\partial K_t^2} = A\alpha(\alpha-1)K_t^{\alpha-2}L_t^{1-\alpha} < 0$$

$$\frac{\partial^2 Y_t}{\partial L_t^2} = A(-\alpha)(\alpha-1)K_t^{\alpha}L_t^{-1-\alpha} < 0$$

通过上述偏导公式可以看出，产出对资本和劳动的一阶偏导数均大于 0，产出对资本和劳动的二阶偏导数均小于 0，表明柯布 – 道格拉斯生产函数满足产出与资本和劳动成正比，资本和劳动的边际报酬递减的条件。

在完全竞争条件下企业通过选择 K_t 和 L_t 不同组合实现利润最大化目标。则 $\max\pi = mAK_t^{\alpha}L_t^{1-\alpha} - (r_t + \delta)K_t - w_t L_t$，其中 m 为商品价格。

将产出减去资本和劳动两生产要素的投入得出利润，利润最大化的条件如下：

$$\frac{\partial\pi}{\partial K_t} = m\alpha AK_t^{\alpha-1} - (r_t + \delta) = 0$$

$$\frac{\partial \pi}{\partial L_t} = m(1-\alpha)AK_t^\alpha - w_t = 0$$

其中，$r_t + \delta$ 是满足当前资本储备必须支出的成本，w_t 是劳动工资，则得到式（3-6）和式（3-7）。

$$r_t + \delta = m\alpha AK_t^{\alpha-1} \qquad\qquad (3-6)$$

$$w_t = m(1-\alpha)AK_t^\alpha \qquad\qquad (3-7)$$

在设定生产函数 $Y_t = F(K, L)$ 为齐次线性的生产函数情况下，柯布-道格拉斯生产函数的人均形式可表示为：

$$y_t = F(k_t, 1) = f(k_t)$$

其中，$y_t = \dfrac{Y_t}{L_t}$ 是产出与劳动的比值，表示人均产出，$k_t = \dfrac{K_t}{L_t}$ 是资本与劳动的比值，表示人均资本，在生产函数人均形式下，产品 $m=1$。

则式（3-6）和式（3-7）可表示为式（3-8）和式（3-9）：

$$r_t + \delta = \alpha Ak_t^{\alpha-1} \qquad\qquad (3-8)$$

$$w_t = (1-\alpha)Ak_t^\alpha \qquad\qquad (3-9)$$

在 t 时期产出受到消费和资本的限制，其经济预算线为式（3-10）：

$$Y_t + (1-\delta)K_t = C_t + K_{t+1} \qquad\qquad (3-10)$$

其中，C_t 是 t 时期青年人和老年人消费的总和，$(1-\delta)K_t$ 表示资本中没有贬值的部分，K_{t+1} 表示未来期的资本。

因为生存的不确定性，老年人拥有的资本和储蓄会在去世之后作为遗产存留下来，则老年人的消费为：

$$pL_{t-1}C_t^O = (r_t + \delta) + (1-\delta)K_t - (1-p)L_{t-1}(1+r_t)S_{t-1} + pL_{t-1}E_t$$

其中，E_t 表示老年人在退休后得到的退休金。

青年人的总消费等于总的工资加上老年人遗留下的遗产减去储蓄和缴纳的养老基金，可表示为 $L_tC_t^Y = L_tW_t + L_tB_t - L_tS_t - L_t\tau w_t$。

所以总的消费如式（3-11）所示：

$$C_t = (r_t + \delta)K_t + (1 - \delta)K_t - (1 - p)L_{t-1}(1 + r)S_{t-1}$$
$$+ pL_{t-1}E_t + L_t w_t + L_t B_t - L_t S_t - L_t \tau w_t \qquad (3 - 11)$$

中国城镇企业职工养老保险是社会统筹和个人账户相结合的制度，其中企业缴纳的养老保险收入纳入统筹账户，用于支付当期养老金，属于现收现付制度。在现收现付制度下，老年人从统筹账户中得到的退休金部分等于企业缴纳的养老金，则得到式（3-12）：

$$pL_{t-1}E_t = L_t \tau w_t \qquad (3 - 12)$$

上一期过世人资产由下一代人继承可得式（3-13）：

$$(1 - p)L_{t-1}(1 + r_t)S_{t-1} = L_t B_t \qquad (3 - 13)$$

把式（3-12）和式（3-13）代入式（3-11）中可得到：

$$C_t = (r_t + \delta)K_t + (1 - \delta)K_t + L_t w_t - L_t S_t$$

根据欧拉分配定理①可得式（3-14）：

$$C_t = Y_t + (1 - \delta)K_t - L_t S_t \qquad (3 - 14)$$

将式（3-14）代入式（3-10）中可得到下一期资本和当期收入方程式（3-15）：

$$K_{t+1} = L_t S_t \qquad (3 - 15)$$

假设人口以速度 n 的速度增长，若人均储蓄记作 s_{av}，则人均储蓄的形式可表示为：

$$s_{av} = (1 + n)k_{t+1}$$

资本市场的供需平衡可以用企业对资本的需求和青年对资本的供给之间的平衡来表示。

3.2.3 政府行为

政府的职责主要体现在两个方面，一方面是制定企业需要缴纳的养老保

---

① 欧拉分配定理：在完全竞争的条件下，单位劳动和单位资本的实际报酬分别等于劳动、资本的边际产量。

险费率，筹集社会保险统筹账户基金，用于支付当期退休职工的社会统筹部分养老金，维持养老金的收支平衡；另一方面是政府要制定政策确保社会福利最大化。由社会养老保险基金统筹账户收支平衡可知，政府从青年一代征收的统筹账户基金全部用于当期年老一代的养老金给付，则 $pL_{t-1}E_t = L_t \tau w_t$，如式（3 - 16）所示：

$$E_t = \frac{1+n}{p}\tau W_t \qquad (3-16)$$

根据典型个体在生命周期内个人效用函数，可以设定如下形式的社会福利函数：

$$WF = PV \ln C_t^O + \rho \left[\ln C_t^Y + pv \ln C_{t+1}^O \right]$$

其中，ρ 是社会贴现率，反映计划者对各代人的重视程度，$0 < \rho < 1$。通过社会福利最大化计算最优的企业养老保险缴费率水平。

3.2.4 动态均衡系统

将式（3 - 2）、式（3 - 3）、式（3 - 4）、式（3 - 8）、式（3 - 9）、式（3 - 15）、式（3 - 16）代入式（3 - 5）中可得式（3 - 17）：

$$k_t^\alpha = \frac{(1+n)k_{t+1}}{Apv(1-\tau)(1-\alpha)} + \frac{\dfrac{1+n}{p}\tau k_{t+1}^\alpha}{pv(1+A\alpha k_{t+1}^{\alpha-1}-\delta)(1-\tau)}$$
$$-\frac{(1-p)(1+A\alpha k_t^{\alpha-1}-\delta)k_t}{A(1-\tau)(1-\alpha)} + \frac{(1+n)k_{t+1}}{A(1-\tau)(1-\alpha)} \qquad (3-17)$$

当式（3 - 17）处于稳态平衡时，无论经济中的初始状态如何，最终都会变回 $k_t = k_{t+1} = k$ 状态。因此资本和劳动比将保持长期不变[①]，由此可得式（3 - 18）：

---

① Diamond P. National debt in a neoclassical growth model [J]. American Review，1965：1126 - 1150.

$$1 = \frac{(1+n)k^{1-\alpha}}{Apv(1-\tau)(1-\alpha)} + \frac{\dfrac{(1+n)}{p}\tau}{pv(1+A\alpha K^{\alpha-1}-\delta)(1-\tau)}$$

$$- \frac{(1-P)(1+A\alpha k^{\alpha-1}-\delta)k^{1-\alpha}-(1+n)k^{1-\alpha}}{A(1-\tau)(1-\alpha)} \qquad (3-18)$$

将式（3-10）经济预算线 $Y_t + (1-\delta)K_t = C_t + K_{t+1}$，变形为 $f(k_t) +$ $(1-\delta)k_t = \dfrac{p}{1+n}C_t^O + C_t^Y + (1+n)k_{t+1}$。在初始条件 k_0 已知，政府在经济预算限制和初始条件下通过选择青年期和老年期消费及下一期资本存量水平以达到社会福利最大化。通过对社会福利函数最大化的一阶条件可得：

$$\frac{C_t^O}{C_t^Y} = \frac{1+n}{\rho}v$$

$$1 - \delta + A\alpha k_{t+1}^{\alpha-1} = \frac{1+n}{\rho}$$

经整理可得 $k_{t+1}^{\alpha-1} = \dfrac{1+n+\rho\delta-\rho}{A\alpha\rho}$，令经济中得到稳态人均资本存量 $k_{t+1} = k$，得出稳态下的 k 值：

$$k = \left(\frac{1+n+\rho\delta-\rho}{A\alpha\rho}\right)^{\frac{1}{\alpha-1}}$$

将稳态人均资本 k 代入式（3-18）可得到企业养老保险缴费比例，此时的企业养老保险缴费比例 τ 便是最优企业养老保险缴费率水平，如式（3-19）所示：

$$\tau = \frac{p^2v\alpha(1+n)(1-p)-p\rho\alpha(1+n)(pv+1)}{(\rho+p^2v-\rho\alpha-p^2v\alpha)(1+n+\rho\delta-\rho)} + \frac{p^2v(1-\alpha)}{\rho+p^2v-\rho\alpha+p^2v\alpha}$$

$$(3-19)$$

从式（3-19）中看出企业养老保险缴费比例可以表示为生存概率 p、人口增长率 n、个人效用贴现率 v、社会贴现率 ρ、资本折旧 δ 和资本收入份额 α 等参数的函数。

3.3　模 型 参 数 设 定

1991 年《关于企业职工养老保险制度改革的决定》，1995 年《关于深化企业职工养老保险制度改革的通知》和 1997 年《关于建立统一的企业职工基本养老保险制度的决定》中都规定了企业缴纳养老保险费，但是规定地方政府制定企业缴纳的具体养老保险费比例，使得中国各地区企业缴纳的养老保险费率水平存在差异①。随着养老保险制度不断发展完善，建立真正意义上的全国统一的养老保险制度，包括统一的企业养老保险缴费率是我国养老保险制度的目标。因此，本章主要测算一个全国统一的企业养老保险缴费率水平。

3.3.1　时间跨度

世代交叠模型中的参数如人口增长率和折旧率等实际都是以年为单位口径进行统计的，而在模型中假设一个人的生命只有青年期和老年期。青年期工作，老年期退休，因而在运用世代交叠模型进行企业养老保险缴费水平测算时，所涉及的以年为口径统计的参数必须转换为世代交叠模型中以时间跨度为口径的参数。

在现有文献中世代交叠模型一期时间跨度为 25 ~ 45 年。布兰查德和费希尔（Blanchard & Fisher, 1989）② 选择的时间跨度为 30 年，罗伯特

---

① 2019 年除广东省外，其余各省企业养老保险缴费水平都已统一降至 16%。

② Blanchard O and Fischer S. Lectures on Macroeconomics ［M］. MIT Press, Cambridge, 1989：110 - 114.

（Robert，2013）[1] 选择 40 年为一期时间跨度，阿霍那（Arjona，2000）[2] 选择工作期为 45 年，退休期为 20 年。高彦等（2017）[3] 选择 28 年为一期的时间跨度，张迎斌[4]等（2013）选择一期的时间跨度为 29 年，康传坤等[5]（2014）选择一期的时间跨度为 30 年。受惠于中国教育改革和进步，中国人口接受教育的年限逐渐增加，我国初始就业年龄也随之逐渐增加。根据 2018 年《中国人口和就业统计年鉴》给出的数据，2017 年在城镇就业人群人员中，小学及以下学历就业人员比重为 8.7%，中学学历占比为 33.8%，高中及中等职业教育学历比重为 24.9%，大学专科和高等职业教育比重 17.6%，大学本科学历就业人数比重为 14.1%，研究生教育学历比重为 1.4%。本章把接受教育的比例作为权重，得到城镇人员初次就业参加工作的年龄为 20 岁。我国现行法律规定，男 60 岁退休，女工人 50 岁退休，女干部 55 岁退休。为了分析简洁，本书假定法定退休年龄为 55 岁。在 OLG 模型中，我们假设工作期时间跨度为 35 年，另外考虑到中国人口老龄化和延迟退休问题，我们假设未来中国退休年龄为 60 岁，相应的 OLG 模型中每一期的时间跨度为 40 年。

3.3.2 资本产出弹性和折旧率

资本产出弹性 α 和折旧率 δ 是影响企业养老保险缴费率水平的重要参

---

① Mark A. Roberts pareto-improving pension reform through technological implemenfation [J]. Scottish Journal of Political Economy, 2013 (7): 317 – 342.

② Arjona, Roman. Opeimal Socia Security Taxation in Spain [J]. FEDA'S Series Studies on the Spanish Economy, 2000 (8).

③ 高彦，杨再贵，王斌. 养老保险缴费率、就业人口增长率与最优退休年龄——基于社会福利最优视角 [J]. 金融论坛，2017 (8): 70 – 80.

④ 张迎斌，刘志新，柏满迎，等. 我国社会基本养老保险的均衡体系与最优替代率研究——基于跨期叠代模型的实证分析 [J]. 金融研究，2013 (1): 79 – 91.

⑤ 康传坤，楚天舒. 人口老龄化与最优养老保险缴费率 [J]. 世界经济，2014 (4): 139 – 160.

数，其数值设定合理与否会直接影响研究企业养老保险费率水平结论的可靠性。学者们通过柯布 – 道格拉斯生产函数，利用劳动和产出数据估计得出资本对经济增长的贡献度。然而这些基于实证得出的结论之间存在着较大的差异，如克鲁格曼（Krugman，1994）[1] 认为东亚经济增长主要依靠资源的大量投入，全要素生产率对经济增长的贡献很小。朱承亮等[2]（2009）学者通过柯布 – 道格拉斯生产函数的随机前沿模型得出我国资本对经济增长的贡献度为0.8279。金和雷贝罗[3]（King & Rebelo，1990）、龚六堂和谢丹阳[4]（2004）、林中晶和龚六堂[5]（2007）在有关研究中设定资本贡献率都为0.65。

经济增长不仅受到资本和劳动的影响，环境同样对生产函数产生制约，以及由此形成的参数约束。罗默（Romer，1990）[6] 在 C – D 生产函数模型基础上提出了"增长阻尼"，即有资源环境限制条件下的经济增长与没有资源限制条件下相比会降低增长速度。王建民（2012）[7] 在减排目标约束下得出资本份额为 0.414，张文爱（2013）[8] 在能源的约束条件下测算的资本份额为 0.311，张广裕（2013）[9] 在资源环境约束下得出资本份额为 0.3873，许冬兰和李玲（2017）[10] 测算资本收入份额为 0.3285。考虑能源和环境约束

[1] Krugman P. The myth of Asia's miracle [J]. Foreign Affair, 1994 (6)：62 – 78.

[2] 朱承亮，岳宏志，李婷. 中国经济增长效率及其影响因素的实证研究 [J]. 数量经济技术经济研究，2009 (9)：52 – 62.

[3] King R，S Rebelo. Public policy and economy growth：developing neoclassical implications [J]. Journal of Political Economy，1990 (5)：126 – 150.

[4] 龚六堂，谢丹阳. 我国省份之间的要素流动和边际生产率的差异分析 [J]. 经济研究，2004 (1)：45 – 53.

[5] 林忠晶，龚六堂. 退休年龄、教育年限与社会保险 [J]. 经济学（季刊），2007 (10)：211 – 230.

[6] 罗默·D. 高级宏观经济学 [M]. 上海：上海财经大学出版社，2001.

[7] 王建民. 减排目标约束对经济增长影响：理论框架与实证检验——基于中国 1991 ~ 2000 年的实证分析 [J]. 经济管理，2012 (6)：171 – 178.

[8] 张文爱. 能源约束对经济增长的"阻尼效应"研究——以重庆市为例 [J]. 统计与信息论坛，2013 (4)：53 – 60.

[9] 张广裕. 资源环境约束下的经济增长方式转变研究 [J]. 财政理论研究，2013 (3)：51 – 58.

[10] 许冬兰，李玲. 能源约束对经济增长和城市化影响的实证研究——以山东省为例 [J]. 北京理工大学学报（社会科学版），2017 (8)：74 – 79.

的资本收入份额和没有考虑能源和环境约束的资本收入份额明显不同，鉴于国家目前对环境保护日益重视，实行最严格的环境保护制度下，同时考虑发达国家资本收入份额也逐渐下降，本书选择资本的收入份额为0.35。

对于折旧率，我国统计部门自1995年后不再公布固定资产折旧额数值，而且到目前为止，对折旧率的计算还没有公认的合理计算方法。历年来学者们使用不同估算方法及对指标选择标准的差异导致对折旧率的估计结果差距很大。刘明兴（2002）[①]、单豪杰（2008）[②] 采用相对效率几何递减模式测算出我国的固定资产折旧率为10.96%。张军和章元（2003）[③]、张军等（2004）[④] 以各类投资的平均寿命加权估算出我国资产折旧率为9.6%。王小鲁和樊纲（2000）[⑤]、卜永祥（2002）[⑥]、郭庆旺（2004）[⑦] 等虽然是用不同方法，但是都设定我国的折旧率为5%。

方文全（2012）通过拟合中国资本折旧率的不同取值得到不同参数拟合结果的资本折旧率的平均值为4.3%。方文全同时在文章中指出，发达国家的平均折旧率为4.3%~8.5%之间。没有理由相信作为发展中的中国资本存量中新技术含量更高，以至于中国的折旧率水平高于发达国家，且如果平均折旧率高于10%，则收入法GDP核算下的固定资产折旧无法弥补实际折旧，导致资本存量趋于下降[⑧]。综合考虑学者们的研究成果，本章将资本折旧率设定为5%。则资本折旧率在考察期内35年和40年的折旧率分别为0.8339和0.8715。

---

① 刘明兴. 美国中小企业的融资结构与体制［R］. 北京：北京大学中国经济研究中心，2002.

② 单豪杰. 中国资本存量k的再估计：1952~2006［J］. 数量经济技术经济研究，2008（10）：17-31.

③ 张军，章元. 对中国资本存量k的再估计［J］. 经济研究，2003（7）：35-43.

④ 张军，吴桂英，张吉鹏. 中国省际物质资本存量估算：1952~2000［J］. 经济研究，2004（10）：35-44.

⑤ 王小鲁，樊纲. 中国经济增长的可持续性［M］. 北京：经济科学出版社，2000.

⑥ 卜永祥，靳炎. 中国实际经济周期：一个基本解释和理论扩展［J］. 世界经济，2002（8）：3-11.

⑦ 郭庆旺，贾俊雪. 中国潜在产出与产出缺口的估算［J］. 经济研究，2004（5）：31-39.

⑧ 方文全. 中国的资本回报率有多高？——年份资本视角的宏观数据再估测［J］. 经济研究，2012（1）：521-532.

3.3.3 人口增长

我国自 20 世纪 70 年代末开始实施的计划生育政策导致中国总和生育率大幅下降。根据世界银行的数据，1950 年中国总和生育率为 5.81，1970 年总和生育率为 5.6 左右，1980 年我国总和生育率快速降至 2.36。1992 年中国总和生育率首次降至低于维持人口世代更替的 2.1 水平，2017 年中国的总和生育率比 20 世纪 90 年代末最低点略有上升，但是仍然只有 1.68。总和生育率下降的直接后果就是中国的人口增长快速下降，1950 年中国人口增长率为 1.81%，1970 年人口增长率为 2.76%，1980 年人口增长率为 1.25%，到 2018 年中国人口增长率仅为 0.53%。为了快速缓解人口老龄化问题，2014 年我国开始实施单独二孩政策，2016 年国家又修订了《人口与计划生育法》开始实施全面二孩政策。2021 年 5 月再次调整生育政策，开始实施三孩政策。根据第七次人口普查数据显示，2019 年 11 月到 2020 年 10 月出生人口中二孩及以上人数占比为 54% 左右。但 2019 年全国人口与家庭动态监测调查显示，有生育二孩及以上打算的妇女，仅不足半数实现了再生育。欧美日等发达国家及新加坡、韩国等新兴工业化国家和中国台湾地区由于经济发展水平提高导致人们生育观念改变引发生育率下降，表明生育率具有凝固性和不可逆性[①]。这种生育率一旦降低到一定程度就很难恢复到以往较高的水平。我国三孩政策开放时间过短，三孩政策效果在数据上并没有体现，但是随着国家有关鼓励生育政策的陆续出台，中国总和生育率在一定程度上会有所提高。因此本章所设定的人口增长参数值，假定其取值小于计划生育实施前的人口增长率，但要大于计划生育实施后的人口增长率。为了分析方便，本章取计划生育前后两个阶段人口增长率的平均值作为人

---

① 路锦非，王贵新. 我国未来城镇人口结构变动预测 [J]. 西北人口，2010 (4)：1-6.

口增长率参数值，并将其作为标准值。1950～1984 年间人口增长率为 0.89，1980～2009 年人口增长率为 0.35，则当世代交叠模型时间跨度为 35 年时，模型人口增长率等于 0.62 并将其作为标准值。2016～2050[①] 年人口增长率等于 - 0.013，因此时间跨度为 35 年时，模型的人口增长率取值分别为 - 0.013，将其作为参照期数值。1950～1989 年间人口增长率为 1.042，1980～2019 年人口增长率为 0.418，则当世代交叠模型时间跨度 40 年时，模型人口增长率等于 0.73。2016 年至 2055 年人口增长率等于 - 0.047，因此时间跨度为 40 年时，模型的人口增长率取值分别为 - 0.047，将其作为参照期数值。

3.3.4 退休期生存概率

退休期的生存概率可以通过预期寿命来进行估算[②]。根据中国统计数据，中国人口平均预期寿命逐年增加。1981 年，中国人口平均预期寿命为 67.8 岁，到 2015 年平均预期寿命增加到 76.3 岁。根据联合国经济和社会发展事务部发布的 2019 年《世界人口展望》估计，到 2020 年中国人口平均预期寿命达到 76.6 岁，到 2030 年，中国人口预期寿命为 78.31 岁，2035 年达到 79.13 岁，2040 年会达到 80.73 岁，2050 年将达到 81.52 岁。中国城镇职工社会养老保险采用社会统筹账户和个人账户相结合的模式，社会统筹账户类似于西方的现收现付模式，社会统筹账户养老保险基金采用近期收支平衡，企业养老保险费率会根据经济发展状况进行调整。因此，本章选择处于中期的 2030 年人口平均预期寿命 78.31 岁作为测算退休期生存概率的

---

① 2020～2055 年人口数据来源于联合国经济和社会发展事务部 2017 年修订版《世界人口展望》中有关中国人口预测数据部分。

② 杨再贵. 不定寿命条件下城镇公共养老金最优替代率的理论与实证研究［J］. 管理评论，2011（2）：29 - 32，44.

参数，测算得出在模型一期时间为 35 年和 40 年时退休者生存概率分别为 0. 666 和 0. 4578。

3. 3. 5 个人效用贴现率和社会贴现率

社会贴现率也称社会时间偏好率，时间偏好指个体在现在和未来之间存在重视程度不同现象，由众多行为个体的意愿叠加在一起表现出的社会时间偏好即社会贴现率[①]。社会贴现率用来说明社会对当前消费和未来消费的偏好。较高的社会贴现率表明人们更愿意进行当前消费，而较低的社会贴现率表明人们在青年期将工资中的大部分储蓄起来，从而将当前消费推迟至退休期进行。2006 年出版的《建设项目经济评价方法与参数》通过对社会时间偏好率和资本的社会机会成本两种方法对社会贴现率进行测算，给出了 6% ~ 8% 的社会贴现率取值范围。《建设项目经济评价方法与参数》给出的社会贴现率，主要是针对公共投资项目评估而设定的贴现率。本章主要考虑世代交叠模型中，在社会福利最大化条件下的社会贴现率问题。

根据 3. 2 节世代交叠模型推导最优缴费率过程得到方程 $r_t + \delta = A\alpha k_t^{\alpha-1}$ 和方程 $1 - \delta + A\alpha k_{t+1}^{\alpha-1} = \dfrac{1+n}{\rho}$。

为让市场经济的稳定状态实现社会福利最大化，应通过政策变量的调整，将市场经济稳定状态的人均资本存量调整到修正黄金律水平[②]。$k_{t+1} = k_t$，对上述两方程整理可得 $\rho = \dfrac{1+n}{1+r}$。

---

① 刘金山，贺琛. 时间偏好的区域差异：分布特征和影响因素 [J]. 中央财经大学学报，2018（7）：75 – 88.

② 杨再贵. 现阶段背景下企业职工基本养老保险最优缴费率与最优记账利率研究 [J]. 华中师范大学学报，2018（1）：55 – 63.

对于利率 r，本章采用中国人民银行公布的 1 年期定期存款利率①。1984～2018 年 1 年定期存款年均利率为 4.93%，则时间跨度为 35 年时利率 r 为 4.3888，因此当人口增长率为 0.62 和 -0.013 时，社会折现率分别为 0.3 和 0.225。1979～2018 年 1 年期存款年均利率为 4.96%，则时间跨度为 40 年时利率 r 为 4.44，因此当人口增长率为 0.73 和 -0.047 时，社会折现率分别为 0.32 和 0.175。

杨再贵（2018）、佩奇尼诺和波拉德（Pecchenino & Pollard，2002）②、阿霍那（Arjona，2002）③、北岛（Kitao，2014）④、宫崎光一（Miyazaki，2016）⑤ 都将个人效用折现因子设定为 0.98，本章借鉴上述学者的做法，将个人效用折现因子设定为 0.98，那么当时间跨度为 35 年时，个人效用折现因子为 0.493，当时间跨度为 40 年时，个人效用折现因子为 0.4457。

3.4　企业最优养老保险缴费率测定

根据基于城镇企业职工养老保险世代交叠模型推导出的企业养老保险缴费率水平公式和所确定的参数值，本部分通过数值模拟对企业养老保险缴费水平进行估算，并对数值模拟结果进行分析，数据如表 3-1 所示。

① 1979～2015 年 1 年定期存款利率数据来源于《新中国 60 年统计资料汇编》及 2010～2015 年中国统计年鉴，2016～2018 年数据来源于 2015～2018 年中国人民银行年报。

② Pecchenino R，Pollard P. Dependent children and aged parents：funding education an social security in an aging economy［J］. Journal of Macroeconomics，2002（2）：145-169.

③ Arjona，Roman. Opeimal Socia Security Taxation in Spain［J］. FEDA'S Series Studies on the Spanish Economy，2000（8）.

④ Kitao，Ssagiri. Sustainable social security：four options［J］. Review of Economic Dynamics，2014：756-779.

⑤ Koichi Miyazaki. Optimal pay-as-you-go social security when retirement is endogenous and labor productivity depreciates［R］. MPRA Paper，No. 61166，2016（1）.

表 3 - 1   不同退休年龄的最优缴费率

变量	模型 (3-1)	模型 (3-2)	模型 (3-3)	模型 (3-4)
退休年龄	35	35	40	40
α	0.3500	0.3500	0.3500	0.3500
δ	0.8339	0.8339	0.8715	0.8715
n	0.6200	-0.013	0.7300	-0.047
p	0.6660	0.6660	0.4578	0.4578
ρ	0.3000	0.2250	0.3200	0.1750
v	0.4930	0.4930	0.4457	0.4457
τ	0.0860	0.1849	0.0634	0.2625

注：各字母代表的数据参看参数设定。

表 3 - 1 给出了在城镇企业职工养老保险不同参数取值时最优的企业养老保险缴费率水平。模型（3 - 1）和模型（3 - 2）是在时间跨度为 35 年为一期情景设定下的企业养老保险缴费水平。本章将模型（3 - 1）设定为基准模型。模型（3 - 3）和模型（3 - 4）是时间跨度 40 年为一期（假设退休年龄推迟至 60 岁）情景设定下的养老保险缴费水平。本章将模型（3 - 2）、模型（3 - 3）和模型（3 - 4）视为对比动态变化模型。其中模型（3 - 2）是假定人口增长率发生变化情境下企业养老保险缴费水平的变化，模型（3 - 3）和模型（3 - 4）假设既延长退休年龄人口增长率又发生改变情境下企业养老保险缴费水平变化的程度。

模型（3 - 1）的数值模拟结果显示，当人口平均预期寿命为 78.31 岁时，对应生存概率 0.666，人口增长率为 0.62 时最优的企业养老保险缴费水平为 9% 左右。相对于基础模型（3 - 1）、模型（3 - 2）的数值模拟显示，在其他因素不发生改变的情景下，人口增长率由 0.62 下降至 - 0.013 时养老保险水平由 9% 提高至 18% 左右。模型（3 - 3）数值模拟结果显示延长退休年龄和提高人口增长率情境下，企业最优养老保险缴费率为 6% 左右。模型（3－4）数值模拟结果显示，即使延长退休年龄，人口增长率的下降仍然会使最优企业养老保险缴费率提高至 26% 左右，明显高于目前 16% 的水平。

从模型（3－1）至模型（3－4）的数值模拟结果看，企业养老保险缴费水平随着人口增长率的下降而上升，随着退休年龄的推迟而下降。通过模型（3－3）和模型（3－4）模拟结果看，退休年龄延迟引起的企业养老保险缴费率下降的效应小于人口增长率下降引起企业养老保险缴费率水平上升的效应，导致即使推迟退休年龄，如果人口增长率持续下降，仍会引起企业养老保险缴费水平的上升。

2014 年中国修改计划生育政策，先允许独生子女夫妻可以生育二孩，2016 年全面放开二孩政策，2021 年 5 月开始实施三孩政策，但并没有出现人口激增现象。基于开放三孩政策，甚至可能完全取消计划生育政策可能性前提下，本章提出的 0.62 和 0.73 人口增长率是基本符合现实情形的。因此在此假设下，退休年龄无论是 55 岁还是 60 岁，企业养老保险缴费率都低于 20% 缴费率，且低于调整后 16% 的企业养老保险缴费率，中国企业养老保险缴费率水平还有较大的下调空间。

3.5　本　章　小　结

本章在一般均衡模型框架内研究企业养老保险缴费率水平。通过建立一般均衡世代交叠模型，从个人福利最大化、企业利润最大化和政府提供社会福利最大化三方面入手，推导出企业养老保险缴费率水平模型，发现企业养老保险缴费率主要受到人口增长率、资本产出弹性、资本折旧率、社会折现率、个人效用贴现率和生存概率等参数的影响。在合理的人口统计和参数设定下，数值模拟结果显示企业养老保险缴费率水平随着人口增长率的下降而上升，随着退休年龄的推迟而下降。退休年龄延迟导致企业养老保险缴费率下降效应小于人口增长率下降导致企业养老保险缴费率上升的效应。在合理的参数取值下，在不考虑延迟退休因素时，企业养老保险缴费率为9%左右，在考虑延迟退休因素后，企业养老保险缴费率为6%左右。无论有无延迟退休，目前的企业养老保险缴费率仍有较大的下调空间。

第4章

企业养老保险缴费率与城镇就业动态关系研究

——基于 PVAR 实证分析

　　自从我国城镇职工养老保险制度改革以来，企业缴纳的养老保险费用一直都是社会养老保险收入最主要来源，为我国退休职工养老金十几年连续上调提供了坚实的财务基础。但同时我们必须看到为了维持城镇职工养老保险稳定持续运行，我国企业承担的社会养老保险税负同世界其他国家相比明显过重。根据世界银行营商环境报告我国税费指标世界排名第 14 位。一个典型中国企业需要缴纳的税费是其利润的 68%，而世界平均水平仅为 40.9%。其中各类社会保险缴费占利润的比重为 48%①。其中，企业缴纳的养老保险费占到企业社保缴费的 67%。

　　根据教育部有关数据，2019 年中国高校毕业生将近 834 万人，是 2006 年毕业生的两倍之多。加上其他寻找工作人员，2019 年中国有 1600 万新增劳动力需要就业。面对经济放缓就业压力增大的状况，我国正在积极地推进企业减税降费改革措施最大限度地提供就业岗位，解决就业问题。目前大部分省份养老保险费已降至 16% 水平，但距离企业 6% ~ 9% 最优养老保险缴

---

① 白重恩. 中国经济何处颇具：养老保险降费［J］. 中国经济报告，2019（6）：81 – 86.

费率还有很大的下调空间。斯泰纳（Steiner，1996）、费赖尔和斯泰纳（Freier & Steiner，2010）、阿尔布雷克特（Albrecht，2008）等、克鲁格（Krueger，2009）、杨俊（2008）和刘荃玲（2015）等学者认为由于企业不能把较高社会养老保险费完全转嫁到工人身上，对劳动力就业就会产生挤出效应。在此背景下客观公允地研究企业社会养老保险缴费率对我国劳动力市场，尤其是对企业劳动力需求的影响，不仅有助于政府把握好政策力度，准确调整企业社会养老保险缴费水平，同时有助于企业降低非劳动工资成本，鼓励企业投资积极性，最大限度地提高我国就业水平解决就业问题。

时间序列的向量自回归模型（简称 VAR 模型）的脉冲响应函数和方差分解虽然可以表现城镇就业量和企业养老保险缴费水平之间的互动关系，但 VAR 模型的时间序列不能综合时间维度和地区差异两个因素。而基于面板向量自回归模型（Panel Date Vector Autoregression，简称 PVAR 模型）能够从时间和地区两个方面分析城镇就业量和企业养老保险缴费水平的关系。而且由于我国城镇职工社会养老保险在 1997 年才正式确立社会统筹账户和个人账户相结合的模式，2005 年正式确定养老保险缴费方式，养老保险缴费率数据不能满足 VAR 模型的数据长度。与 VAR 模型相比，PVAR 模型对时间序列的长度要求较低。因此，本章采用 PVAR 模型研究我国城镇就业水平和企业养老保险的关系，考察企业养老保险缴费率水平对我国城镇就业的影响及程度。

4.1　企业养老保险缴费率对城镇就业影响理论框架

参考加西亚等（Garcia et al.，2006）[①] 对生产函数的设定，本章设定

---

① J R Garcia, Hector Sarla. The tax system incidence on unemployment：A country-specific analysis for the OECD economies［R］. Institute for the Stndy of Labor，No. 2226，2006（7）.

生产函数如式（4-1）所示：

$$y_t = \theta_t L_t^\alpha \tag{4-1}$$

其中，y 是产量水平，θ 是生产率因素，L 是就业水平，α 是 $\alpha < 1$ 的参数。

在产品市场上，此时的需求曲线是向下倾斜的等弹性需求曲线，因此生产函数还可以设定为式（4-2）：

$$y_t = D(P_t) = P_t^\eta \tag{4-2}$$

其中，P 是产品价格，η 是产量需求弹性。

我国社会保险法规定，企业必须按职工工资总额的一定比例缴纳养老保险费，因而企业在有社会养老保险时候的工资成本要高于没有社会养老保险时的工资成本。为了分析方便，本章假设企业除了缴纳养老保险费之外没有其他税收方面的成本。假设企业缴纳的养老保险费率为 τ，则企业工资总成本为 $W_t \times (1 + \tau_t)$，其中 W_t 是无养老保险时企业工资成本。

根据经济学理论，厂商生产产品的目标是实现利润最大化，则厂商的利润函数可表示为式（4-3）：

$$\max \pi_t = p_t y_t - L_t W_t (1 + \tau_t) \tag{4-3}$$

由式（4-1）和式（4-2）可得：$P_t = (\theta_t L_t^\alpha)^{-\frac{1}{\eta}}$。根据其一阶导数为 0 时利润最大化条件，可以得出劳动需求量 L_t 和企业缴纳养老保险缴费率 τ_t 的函数关系如式（4-4）所示：

$$L_t = \left[\frac{\left(1 - \frac{1}{\eta}\right) \alpha \theta_t^{1 - \frac{1}{\eta}}}{(1 + \tau_t) W_t} \right]^{-\frac{\alpha}{1 - \alpha + \frac{\alpha}{\eta}}} \tag{4-4}$$

式（4-4）表明当其他变量不发生变化时，劳动需求量依赖于养老保险缴费率。当企业养老保险缴费率提高时，企业会减少雇用人数；相反，当企业养老保险费率降低时，企业会增加对劳动的需求数量。

企业养老保险缴费率水平对企业劳动需求存在消极影响，主要是因为企业养老保险缴费会增加企业劳动成本。下面通过企业劳动成本变化导致企业等成本线、等产量线变动影响企业劳动需求曲线变化，来直观描述企业养老保险缴费水平对企业劳动需求的影响（如图4-1所示）。

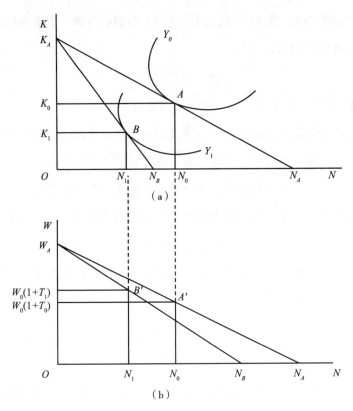

图4-1　企业养老保险缴费率对就业的影响

图4-1（a）的横坐标轴表示企业劳动力水平，纵坐标轴表示资本 K。 Y_0 为等产量线，$K_A N_A$ 为等成本线。图4-1（b）的横坐标轴表示企业劳动力水平，纵坐标轴表示企业工资成本，$W_A N_A$ 表示劳动需求曲线。

图4-1（a）中点 A 表示在既定工资水平 W_0 和企业养老保险缴费率水平 τ_0 条件下，企业工资成本为 $W_0(1+\tau_0)$ 时企业等成本线和等产量线相切点。在点 A 上企业利润水平达到最大化。此时如图4-1（b）上 A' 点所示，

企业合理的劳动需求水平为 N_0。如果政府提高企业缴纳的养老保险缴费率水平，假设提高后的企业养老保险缴费率为 τ_1，提高的企业缴纳的养老保险缴费率导致企业劳动成本由 $W_0(1+\tau_0)$[①] 增加到 $W_0(1+\tau_1)$，则企业等成本线向左移动到 $K_A N_B$。企业为了维持利润最大化水平，等成本线和等产量线相切于 B 点。在 B 点上企业达到利润最大化，此时企业劳动需求量为 N_1。依据图 4-1（b）所示，在新的劳动成本 $W_0(1+\tau_1)$ 和新的劳动需求条件下，企业劳动需求曲线向左移动到 $W_A N_B$ 位置[②]。其中 $N_1 N_0$ 表示由于提高企业缴纳养老保险费率水平而减少的就业规模。同样道理，假设 $W_0(1+\tau_1)$ 为企业原有的劳动成本，政府将企业养老保险缴费率水平由 τ_1 降低至 τ_0，导致企业劳动成本下降，企业等成本线向右移动与等产量线相切于点 A，在点 A 上企业达到利润最大化水平条件下，企业用工规模从 N_1 增加到 N_0，其中 $N_1 N_0$ 为新增加的就业规模。

4.2 PVAR 模型设定

4.2.1 PVAR 模型介绍

PVAR 模型是霍尔埃金（Holtz-Eakin）等在 1988 年针对面板数据提出的自回归模型。之后经过学者阿瑞拉诺和邦德（Arellano & Bond）、高

---

①　假设企业此时支付给工人的工资水平没有变化。

②　厂商成本方程 $C = wL + rK$，则 $K = -\dfrac{W}{r}L + \dfrac{C}{r}$，当 W 由 W_0 增加到 $W_0(1+\tau)$ 时，等成本曲线斜率变小，则等成本曲线向左移动。

（Kao）、韦斯特兰（Westerland）、伊奈莎（Inessa）和中国学者连玉君等的改进和发展，目前已成为分析面板数据的成熟计量模型。

PVAR 模型是在向量自回归模型的框架下不依赖于任何严格的先验理论基础而进行的面板数据分析。PVAR 模型是非结构化的模型，这种模型将系统中所有的变量都视为内生变量，用其滞后项作为解释变量，并能够分解出各个冲击对变量的影响，使得模型能真实考察各个变量间的动态互动关系。

面板向量自回归模型的一般形式可用如下方程表示：

$$Y_{it} = \sum_{j=1}^{p} \beta_j Y_{i,t-1} + f_i + d_t + \mu_{it}$$

其中，$Y_{it} = |Y_{1it} \quad Y_{2it} \quad Y_{3it} \cdots\cdots Y_{pit}|'$ 是基于面板数据量的变量向量；

i 是截面个体，$i = 1, 2, 3, \cdots, N$；

t 是时间序列，$t = 1, 2, 3, \cdots, T$；

β_j 为不同滞后期变量的待估参数，其为 $K \times K$ 维矩阵；

P 为滞后阶数；

f_i 表示不可观测的个体固定效应，其为 K 维列向量；

d_t 表示时间效应，其为 K 维列向量；

μ_{it} 表示与各个变量滞后值无关的随机扰动项。

PVAR 模型同时在时间维度和截面维度上使用数据，扩大了样本的信息量，故而对时间序列的长度要求降低，能够处理时间跨度较短的面板数据。当 $T \geq j + 3$ 时，PVAR 模型就可以进行参数估计。当 $T \geq 2j + 2$ 时，PVAR 模型就可以估计稳态下的滞后项参数[1]。

PVAR 模型的固定效应和时间效应容易造成参数估计有偏，所以在进行回归估计前应先消除固定效应和时间效应的影响。对于时间效应运用截面上的"组内均值差分法"消除。

---

① 郭小东，吴少岑. 中国公共投资与经济增长关系的 PVAR 分析 [J]. 学术研究，2007（3）：40 - 48.

即 $Y_{it} - \overline{Y_{it}} = \sum_{j=1}^{p} \beta_j (Y_{it-j} - \overline{Y_{it-j}}) + (f_i - \overline{f_i}) + (d_t - \overline{d_t}) + (\mu_{it} - \overline{\mu_{it}})$

得到： $\widetilde{Y_{it}} = \sum_{j=1}^{p} \beta_j \widetilde{Y_{it-j}} + \widetilde{f_i} + \widetilde{\mu_{it}}$ (4-5)

对于固定效应，一般运用"向前均值差分方法"消除模型中的个体效应。

即： $y_{it} = \sum_{j=1}^{p} \beta_j y_{it-j} + \widetilde{f_i} + e_{it}$ (4-6)

其中， $y_{it} = \frac{1}{T-t} \sum_{s=t+1}^{T} \beta_j \widetilde{Y_{it}}$ 。

将式（4-5）减去式（4-6）可得消除了固定效应和时间效应的方程，并采用 GMM 估计方法得出参数的有效估计。

$$\widetilde{y_{it}} = \sum_{j=1}^{p} \beta_j \widetilde{y_{it-j}} + (\widetilde{\mu_{it}} - e_{it})$$

4.2.2　PVAR 模型设定

本章采用 PVAR 模型分析企业养老保险缴费水平对城镇就业量的影响。结合国内外的现有研究成果和 PVAR 模型的特点，本章选取企业养老保险缴费率[①]作为企业养老保险缴费水平的度量。除此之外本章还选用各省级城镇地区就业量作为就业水平的度量。

城镇就业和企业养老保险缴费率水平的 PVAR 模型可以表示成以下形式：

$$Y_{it} = \sum_{j=1}^{p} \beta_j Y_{i,t-1} + f_i + d_t + \mu_{it}$$

其中， Y_{it} 表示内含两个变量的列向量（em, rate）, em_{it} 代表第 i 个地区在

---

① 企业养老保险缴费率指的是实际缴费率，如无特别指出，本章和第 5 章论文中的企业养老保险缴费率指的都是实际缴费率，本章和第 5 章在称呼国家规定的企业养老保险缴费率时以法定缴费率指出。

时间 t 时的城镇就业人数，$rate_{it}$ 表示第 i 个地区在时间 t 时的企业养老保险缴费率。下标 $i=(1，2，3，…，31)$ 表示全国 31 个地区，$t=(2005，2006，2007，…，2017)$ 表示 2005~2017 年。本章在设定两个变量 PVAR 模型过程中引入固定效应 f_i 以表示 31 个地区之间的异质性。在模型中引入时间效应 d_t，用来解释面板数据的趋势特征，μ_{it} 表示随机扰动项。对于模型中包含的固定效应和时间效应，本章首先运用横截面的均值差分法去掉影响各地区的趋势变动。对于固定效应采用向前均值差分法来消除影响 31 个地区之间经济制度等方面的差异，从而避免固定效应和回归无相关而造成的系数估计有偏。

4.2.3　变量数据指标设计

本章采用 2005~2017 年我国 31 个省、自治区和直辖市（不包含港澳台地区）城镇就业人数和企业养老保险缴费率两个变量的面板数据研究企业养老保险缴费率对城镇就业的影响。鉴于地区发展的差异性，除了在总体范围内进行研究外，根据国家依据经济发展水平和地理位置相结合的划分方法，本章进一步将面板数据划分为东部、中部和西部三个地区子样本进行研究并观察其结果的差异。

4.2.3.1　关于区域划分

东部地区指经济发展水平较高的省份，中部地区指经济次发达地区，西部地区是指经济欠发达地区。东部、中部和西部地区具体划分如下：东部地区包括北京、天津、河北、辽宁、上海、江苏、浙江、福建、山东、广东和海南共 11 个省市。中部地区包括山西、吉林、黑龙江、安徽、江西、河南、湖北和湖南共 8 个省。西部地区包括重庆、四川、贵州、云南、西藏、陕西、甘肃、宁夏、青海、新疆、广西和内蒙古共 12 个省区市。

4.2.3.2 数据来源和数据说明

本章使用的数据均来自 2006～2018 年各省份统计年鉴和中国劳动统计年鉴，为了避免数据可能存在的异方差和剧烈波动对计量造成的不利影响，本章对城镇就业人数和企业养老保险缴费率进行了对数化处理，分别用 lnem 和 lnrate 表示。对数化处理的好处除了减少异方差外，其对数化后变量的系数估计值还可以用弹性来进行解释。

（1）城镇就业水平（em）。

本章所采用的城镇就业人数是指城镇单位就业人数、城镇私营企业和城镇个体的人数之和。主要包括国有单位、集体单位、股份合作单位、联营单位、有限责任公司、私营企业、港澳台投资单位、外商投资单位和个体经营户等参加城镇职工社会养老保险单位和个体人员。特别指出的是城镇就业人数不包括乡镇企业就业人员，因为根据 2018 年国家颁布的《中华人民共和国乡村集体所有制企业条例》规定，乡（含镇）办企业、村办企业职工、有条件的联办企业和户办企业职工遵循自愿原则实施职工养老保险。而城镇职工社会养老保险采取强制性参保，故本书城镇就业人数不包含乡镇企业就业人数。

2005～2011 年城镇就业人数数据直接来自各省份统计年鉴中的城镇就业人数。2011 年之后，国家就不再直接公布城镇就业人数，因而 2011～2017 年城镇就业人数数据是根据各地区按行业城镇单位就业人数和按行业城镇私营和个体就业人数加总合计得到。

（2）企业养老保险缴费率水平（rate）。

我国企业缴纳的养老保险费率实际有两种：企业缴纳的法定养老保险费率和企业实际缴纳的养老保险费率。企业缴纳的法定养老保险费率全国并没有统一，各地区根据本地区的养老保险基金收支平衡自行调整。实际缴费率则是企业实际缴纳社会保险费用的比例。本书采用企业实际缴纳的养老保险费率作为企业养老保险缴费水平的替代变量。

省级层面企业养老保险缴费率为企业实际社会养老保险缴费与城镇职工工资的比值，其计算公式为：

$$企业养老保险缴费率 = \frac{企业缴纳的养老保险费用/参保职工人数}{城镇职工平均工资}$$

其中：

$$企业缴纳的养老保险费用 = 城镇职工养老保险征缴收入 \times \frac{企业法定养老保险缴费率}{社会法定养老保险缴费率}①$$

中国社会保险相关法律规定，征缴单位根据本单位职工人数、职工工资总额依法履行对缴费个人应当缴纳的社会保险费代扣代缴义务，社会养老保险基金收入包含个人缴纳的养老保险收入。本章研究企业缴纳的养老保险费用，故需要从收入中减掉个人部分。社会养老保险基金征缴收入中企业缴纳部分需按比例计算即可得到（各省份企业和个人的养老保险法定缴费水平见附录）。

我国每年公布的城镇职工养老保险基金收入实际包括征缴收入、财政补贴、利息收入和其他收入四类。计算企业养老保险实际缴费水平需要采用养老保险基金征缴收入。但是自 2003 年之后，各地区和国家统计年鉴和其他数据中只笼统给出了养老保险基金收入，并没有具体给出养老保险基金收入类别。少数省份在公布的历年《人力资源和社会保障事业发展统计公报》中公布了养老保险基金征缴收入，而大多数省份只公布了 2010 年之后的《人力资源和社会保障事业发展统计公报》。且很多省份在公报中仍没有公布养老保险基金征缴收入数据，甚至一些西部省份都没有公布《人力资源和社会保障事业发展统计公报》。养老保险基金财政补贴实际上有很大一部分是用来补贴各地区为了招商引资而对特定企业优惠下调的养老保险缴费率而导致的下调缺口部分进行的补贴，其实质仍可把这部分财政补贴看作是征缴收入的一部分。例如，四川省和广西壮族自治区都明确规定重点工业园区内企业按规定参加了城镇企业职工养老保险的单位缴费比例比不在园区内的

---

① 社会法定养老保险缴费率包括企业法定养老保险缴费率和个人法定养老保险缴费率。

企业降低4%，由此所产生的企业职工养老保险基金减少的差额由财政承担。利息收入包括历年累计养老保险基金利息收入和当年征缴基金利息收入。历年累计养老保险基金利息采用一年期定期存款利率，当年征缴基金利息收入采用活期存款利率。而计算企业缴纳的实际缴费率中只使用当年养老保险基金收入作为计算基础，故利息收入可以忽略不计。根据以上分析，再考虑数据的可得性，本书利用统计年鉴中公布的当年养老保险基金收入近似替代养老保险基金征缴收入。

4.3　企业养老保险缴费率对城镇就业影响实证分析

4.3.1　变量的描述性统计

本章实证研究数据为全国31个省、自治区和直辖市（不包含港澳台地区）2005～2017年的面板数据。实证研究首先应当对数据进行描述性统计分析以便了解数据的特征，如表4-1所示。

表4-1　　　　　　　　　　变量的描述性统计

变量		样本量	定义	均值	标准差	最小值	最大值
全国范围	*em*	403	城镇就业水平（万人）	896.9	755.40	32	5514
	rate	403	企业养老保险缴费率（%）	16.7	4.72	5	36
东部	*em*	143	城镇就业水平（万人）	1339.0	1000.90	122	5514
	rate	143	企业养老保险缴费率（%）	12.9	4.13	5	24

续表

变量		样本量	定义	均值	标准差	最小值	最大值
中部	em	103	城镇就业水平（万人）	877.4	369.30	398	2243
	rate	103	企业养老保险缴费率（%）	17.4	3.04	12	26
西部	em	156	城镇就业水平（万人）	500.0	360.80	32	1923
	rate	156	企业养老保险缴费率（%）	19.7	3.73	11	36

由表 4-1 可以看出在全国范围、东部、中部和西部地区的城镇就业和企业养老保险缴费率两个变量的均值均大于标准差，说明面板数据不存在极端异常值，面板数据不需要进一步的处理就可以直接进行实证分析。

从各描述性统计指标分析，全国总体平均城镇就业水平和平均企业养老保险缴费率水平和中部地区比较接近，东部、中部和西部地区在各指标上差异较大。从城镇就业水平的统计指标分析，东部地区城镇平均就业水平最高为1339万人。远高于全国范围、中部和西部地区平均就业水平，尤其是西部平均就业水平的2.7倍。西部地区城镇就业人数标准差最小为361，东部地区城镇就业水平的标准差值最大为1001，表明西部地区各省份之间城镇就业人数的波动性要小于东部地区各省份之间城镇就业人数的波动性。从企业养老保险缴费率水平的统计指标分析，东部地区企业养老保险平均缴费率为13%，中部地区企业养老保险平均缴费率为17%左右，和全国范围平均养老保险缴费水平接近，西部地区企业养老保险平均缴费率最高达到20%左右，比全国范围和中部地区高出3%左右，比东部地区高出7%左右，但是其企业养老保险缴费率水平标准差变化较大。全国范围企业养老保险缴费水平标准差最大，其次为东部地区。西部地区、中部地区企业养老保险缴费水平标准差最低为3.04，表明西部地区省份间企业养老保险缴费率差异较小，而东部地区省份间企业养老保险缴费率差异较大。

4.3.2　单位根检验和协整检验

4.3.2.1　单位根检验

在利用 PVAR 模型进行分析之前需要对城镇就业人数和企业养老保险缴费率水平两个变量进行平稳性检验。面板数据的单位根检验方法一般分为相同单位根检验[①]和不同单位根检验[②]。相同单位根检验方法主要包括 LLC 检验、HT 检验和 Breitung 检验。不同单位根检验方法主要包括 IPS 检验、Fisher – ADF 检验和 Fisher – PP 检验。LLC 为主要检验长面板数据的单位根检验方法。

本章在研究总体时使用的面板横截面数 n 为 31，时间维度 T 为 13，因此全国总体样本为短面板数据，在进行总体样本单位根检验时采用 HT 检验和 Breitung 检验进行相同单位根检验，采用 IPS 检验和 Fisher – ADF 检验进行不同根单位根检验。通过相同单位根和不同单位根检验方法共同判断总体样本使用的面板数据是否为平稳性数据。

在研究东部、中部和西部地区时使用的面板横截面数 n 分别为 11、8 和 12，时间长度 $T = 13$。故东部、中部和西部地区样本数据均为长面板数据。因此在进行东部、中部和西部地区面板数据单位根检验时采用 LLC 检验、Breitung 检验、IPS 检验和 Fisher – ADF 检验四种检验方式检验东部、中部和西部地区面板数据是否为平稳性数据。

为了缓解可能存在的截面序列相关，本章在 HT 检验、Breitung 检验和

---

① 　相同单位根是假设各面板数据中各截面序列的自回归系数相同。

② 　不同单位根是指各面板单位根由于制度、经济发展和文化等方面的差异，其自回归系数允许不同。

Fisher 检验中均使用含有 demean 选项①格式来分别检验变量 lnem 和 lnrate 序列是否平稳。

由表 4 - 2 可知，对于总体数据经过 HT 检验、Breitung 检验、IPS 检验和 Fisher - ADF 检验四种检验方式检验，城镇就业人数变量水平值在 5% 显著性水平下都不显著，因此对城镇就业人数变量而言不能拒绝"存在单位根"的原假设，说明该城镇就业人数序列是不平稳的。在对城镇就业人数的一阶差分进行检验后发现所有检验都在 5% 水平下显著，因此拒绝"存在单位根"的原假设，经过差分后的城镇就业人数序列是平稳的，认为城镇就业人数为一阶单整序列。企业养老保险缴费率水平值虽然在 HT 检验中显示显著，拒绝"存在单位根"的原假设，但是在 Breitung 检验、IPS 检验和 Fisher - ADF 检验中变量水平值的检验都不显著，因而认为企业养老保险缴费率水平在 5% 显著性水平上是不平稳的。在对企业养老保险缴费率的一阶差分项进行 Breitung 检验、IPS 检验和 Fisher - ADF 检验后发现检验在 5% 显著性水平下显著，因而认为企业养老保险缴费率为一阶单整序列。

对东部、中部和西部地区的 LLC 检验、Breitung 检验，IPS 检验和 Fisher - ADF 检验四种单位根检验方式的结果表明，城镇就业人数和企业养老保险缴费率水平两个变量的水平值在 5% 显著性水平下都不能拒绝"存在单位根"的原假设，认为东部、中部和西部地区的城镇就业人数和企业养老保险缴费水平两个变量都是不平稳序列。但两个变量的一阶差分项在 5% 显著性水平下都明显拒绝"存在单位根"的原假设，认为东部、中部和西部地区的城镇就业量和企业养老保险缴费率都是一阶单整序列，具体数值如表 4 - 2 所示。

---

① demean 为面板数据减去各截面单位的均值。

表 4 - 2   面板数据单位根检验

样本地区	变量	检验方法					是否平稳
		HT 检验	LLC 检验	Breitung 检验	IPS 检验	Fisher - ADF 检验	
		统计值（P 值）	统计值（P 值）	统计值（P 值）	统计值（P 值）	统计值（P 值）	
全国范围	lnem	0.9975（0.4509）		1.2469（0.8938）	0.6241（0.7337）	36.7883（0.9955）	否
	lnrate	0.9602（0.0252）		1.9922（0.9768）	-1.0054（0.1574）	62.7584（0.4492）	否
	dlnem	0.0592（0.0000）		-7.8502（0.0000）	-8.7919（0.0000）	180.4270（0.0000）	是
	dlnrate	-0.3029（0.0000）		-6.3853（0.0000）	-13.2652（0.0000）	132.9928（0.0000）	是
东部	lnem		0.4859（0.6865）	-0.2751（0.3916）	0.9872（0.6382）	14.9642（0.8638）	否
	lnrate		0.6200（0.7324）	2.3324（0.9902）	-0.4556（0.3243）	24.0654（0.3438）	否
	dlnem		-7.4552（0.0000）	-6.4423（0.0000）	-6.5053（0.0000）	38.6387（0.0155）	是
	dlnrate		-3.4485（0.0003）	-1.8183（0.0345）	-6.625（0.0155）	60.5966（0.0000）	是
中部	lnem		0.8776（0.8099）	1.3255（0.9075）	1.9316（0.9733）	9.6593（0.8838）	否
	lnrate		-1.0652（0.1434）	-0.9994（0.1588）	-0.8241（0.2049）	14.6189（0.5527）	否
	dlnem		-4.9805（0.0000）	-5.7093（0.0000）	-2.873（0.0002）	45.459（0.0001）	是
	dlnrate		-7.2824（0.0000）	-2.0246（0.0215）	-3.4171（0.0003）	37.1513（0.0020）	是

样本地区	变量	检验方法					是否平稳
		HT 检验	LLC 检验	Breitung 检验	IPS 检验	Fisher – ADF 检验	
		统计值（P 值）	统计值（P 值）	统计值（P 值）	统计值（P 值）	统计值（P 值）	
西部	lnem		− 1. 0632 (0. 1438)	1. 1283 (0. 8704)	0. 0479 (0. 5191)	16. 6943 (0. 8614)	否
	lnrate		− 3. 5012 (0. 1434)	0. 4182 (0. 6621)	− 1. 2654 (0. 1029)	26. 4616 (0. 3302)	否
	dlnem		− 7. 0794 (0. 0000)	− 5. 7636 (0. 0000)	− 3. 0944 (0. 0010)	64. 6706 (0. 0000)	是
	dlnrate		− 8. 7101 (0. 0000)	− 4. 9524 (0. 0000)	− 4. 7318 (0. 0000)	37. 2246 (0. 0416)	是

注：Fisher – ADF 检验使用 Inverse chi-squared 统计量。

　　理论上企业养老保险缴费率长期应不受时间趋势影响，故应为平稳过程。但是实际上，我国企业养老保险缴费水平很容易受到国家政策变动的影响。由于企业法定养老保险缴费水平较高，为降低不断攀升的用工成本，很多企业尤其是中小型企业往往采用最低工资、按缴费基数下限缴纳等方式替代职工工资总额，甚至不少小微企业采用现金补贴方式由员工个人缴纳养老保险，从而减少企业缴费额度。随着政府加强对社会养老保险的监察力度，尤其是建立识别漏缴避税的管理机制、实行税务机关统一征缴社会保险费、强化处罚力度等防止企业降低养老保险缴费基数等措施，会导致企业实际缴费率随着时间推移而发生变化。因而企业养老保险缴费水平值在平稳性检验中表现为不平稳序列。

4.3.2.2 协整检验

通过面板数据单位根检验可知面板数据是一阶单整序列，在进行回归分析前需要对面板数据进行协整检验来判断城镇就业数量和企业养老保险缴费率水平之间是否存在长期均衡关系。协整检验主要有两类，一类是建立在 Engle 和 Granger 两步法检验基础上的 Pedroni 检验和 Kao 检验。另一类是建立在 Johansen 协整检验基础上的 Fisher（combined Johansen）检验。本章主要采用 Kao 检验、Pedroni 检验和 Fisher（combined Johansen）检验这三种检验方法联合判断城镇就业人数和企业养老保险缴费率水平之间是否存在协整关系。

表 4-3 中 Kao 检验、Pedroni 检验和 Fisher（combined Johansen）检验这三种检验结果显示在全国总体范围内 Kao 检验在 5% 显著性水平下拒绝"不存在协整关系"的原假设，Pedroni 检验在 5% 显著性水平下显著拒绝"$\rho_i = 1$"的原假设。Johansen 的 Fisher 联合迹和 Fisher 联合 $\lambda - \max$ 都在 5% 显著性水平下不能拒绝"至少存在一个协整向量"的原假设，三种检验方法都认为城镇就业水平和企业养老保险缴费率水平之间存在长期均衡关系。

东部地区和中部地区的 Kao 检验和 Pedroni 检验都认为在 5% 显著性水平下城镇就业水平和企业养老保险缴费率水平之间存在长期均衡关系。Johansen 在 5% 显著性水平下接受至少存在一个协整向量的假设。西部地区的 Kao 检验和 Pedroni 检验在 10% 的显著性水平上拒绝"不存在协整关系"的假设，认为城镇就业水平和企业养老保险缴费率水平之间存在长期协整关系，Johansen 两种检验方法都在 5% 显著性水平下接受"至少存在一个协整向量"的假设。

综合上述检验结果可以得出，无论是从总体上还是分区域，城镇就业人数和企业养老保险缴费率水平的面板数据之间存在协整关系，具体数据值如表 4-3 所示。

表 4 - 3　　　　　　　　　　　　面板协整检验

协整检验方法			全国范围	东部	中部	西部
			统计值 （P 值）	统计值 （P 值）	统计值 （P 值）	统计值 （P 值）
Kao 检验	统计量名	ADF	1.9054 (0.0284)	1.6679 (0.0477)	1.0632 (0.1438)	1.0428 (0.0985) *
	检验假设	H0：不存在协整关系 （ρ = 1）				
Pedroni 检验	统计量名	panel pp	-3.2360 (0.0006)	-2.3697 (0.0089)	-1.9184 (0.0275)	-1.0518 (0.0870) *
	检验假设	H0：ρ_i = 1） H1：（ρ_i = ρ) < 1				
Johansen 检验	统计量名	Fisher 联合迹				
	检验假设	0 个协整向量	138.90 (0.1473)	52.19 (0.0003)	32.85 (0.0077)	53.83 (0.0004)
		至少一个协整向量	73.68 (0.1473)	24.22 (0.3355)	18.02 (0.3266)	31.43 (0.1417)
	统计量名	Fisher 联合 λ - max				
	检验假设	0 个协整向量	112.40 (0.0001)	44.65 (0.0029)	26.68 (0.0452)	41.08 (0.0163)
		至少一个协整向量	73.68 (0.1473)	24.22 (0.3355)	18.02 (0.3226)	31.43 (0.1417)

注：加 " * " 号表示在 10% 的显著性水平，没有标 " * " 号表示在 5% 的显著性水平。

4.3.2.3　PVAR 模型最优滞后阶数选择

因为 PVAR 模型是面板向量自回归模型，用变量的滞后项作为解释变量。因此在进行 PVAR 模型估计之前，还需要确定模型变量最优滞后阶数。若滞后阶数选择过短，则会影响估计结果的有效性，若滞后阶数选择过长会导致自由度的损失[①]。本章选择赤池信息准则（AIC）、贝叶斯信息准则

① 张弛，任亮，张广键. 资本账户开放、就业与经济增长 [J]. 经济问题探索，2018 (7)：27 - 35.

（BIC）和汉南－奎因信息准则（HQIC）三种信息准则的最小值进行最优滞后阶数选择。由于不能事先确定滞后阶数，分别对两变量进行四阶滞后估计。三种信息准则结果如表 4－4 所示。根据表 4－4 信息结果可知，全国范围、东部、中部和西部地区的最佳滞后期均为 1 期。因此，本章选择滞后 1 期作为 PVAR 模型的最优滞后阶数，具体数据值如表 4－4 所示。

表 4－4   PVAR 模型最优滞后阶数选择

样本	滞后期	AIC	BIC	HQIC
全国范围	1	－ 7. 27345 *	－ 6. 53179 *	－ 6. 97790 *
	2	－ 7. 12056	－ 6. 27681	－ 6. 78326
	3	－ 6. 93250	－ 5. 96938	－ 6. 54615
	4	－ 7. 13035	－ 6. 02532	－ 6. 68550
东部	1	－ 8. 13948 *	－ 7. 53873 *	－ 7. 89540 *
	2	－ 7. 96384	－ 7. 22734	－ 7. 66511
	3	－ 7. 69084	－ 6. 79959	－ 7. 33024
	4	－ 7. 22491	－ 6. 15515	－ 6. 79393
中部	1	－ 7. 90289 *	－ 7. 33986 *	－ 7. 67600 *
	2	－ 7. 60249	－ 6. 88789	－ 7. 31599
	3	－ 4. 49648	－ 3. 61111	－ 4. 14401
	4	－ 7. 30300	－ 6. 22356	－ 6. 87775
西部	1	－ 6. 74386 *	－ 6. 13235 *	－ 6. 49530 *
	2	－ 6. 29505	－ 5. 55172	－ 5. 99318
	3	－ 5. 10213	－ 4. 20809	－ 4. 73963
	4	－ 5. 04722	－ 3. 97874	－ 4. 61532

注："＊"号表示在 5% 的显著性水平。

4.3.2.4   PVAR 模型 GMM 估计结果

本章 PVAR 模型利用系统广义矩阵估计方法（sys－GMM）进行估计。模型估计使用 Stata 14.0 统计软件进行运算，所用 PVAR 程序语言借助世界银行伊奈莎（Inessa）博士提供的 PVAR 运算程序，进行向前均值差分消除时间效应和个体效应对估计系数的影响，估计结果如表 4 -5 所示。

表 4 -5　　　　　　　　　　PVAR 模型的 GMM 估计结果

样本	变量	h_lnem			h_lnrate		
		系数	标准误	t 值	系数	标准误	t 值
全国范围	Lh_lnem	0.8182	0.0245	33.3600 ***	0.0246	0.0300	0.8204
	Lh_lnrate	-0.3890	0.1784	-2.1802 **	0.6973	0.2804	2.4860 **
东部	Lh_lnem	0.8175	0.0254	32.2130 ***	0.0427	0.0355	1.2014
	Lh_lnrate	-0.1358	0.0922	-1.6719 *	0.7189	0.1151	6.2440 ***
中部	Lh_lnem	0.8629	0.0360	23.9820 ***	0.0438	0.0300	1.4605
	Lh_lnrate	-0.7643	0.4412	-1.3197	0.1960	0.3588	0.5462
西部	Lh_lnem	0.8451	0.0334	25.2810 ***	-0.0210	0.0431	-0.4884
	Lh_lnrate	-0.2788	0.2113	-1.7323 *	0.4190	0.3932	1.0658

注：h_lnem 和 h_lnrate 表示对 lnem 和 lnrate 去除固定效应所得到的值，Lh_lnem 和 Lh_lnrate 表示 lnem 和 lnrate 的滞后 1 期；" * "" ** "" *** "分别表示企业养老保险缴费率水平在 10%、5% 和 1% 的水平显著。

通过表 4 -5 可以看出，全国范围水平内 PVAR 估计结果表明当城镇就业水平作为因变量时，滞后 1 期的城镇就业水平对自身的动态影响在 1% 的显著性水平上显著，滞后 1 期的企业养老保险缴费率对城镇就业水平在 5% 的显著性水平上有显著的负面影响，表明企业养老保险缴费率高不利于我国城镇就业水平的提升。这说明我国目前大力推进的降低企业养老保险缴费率能够在一定程度上缓解我国的就业压力。当企业养老保险缴费率作为因变量时，滞后 1 期的城镇就业水平对企业养老保险缴费率影响不显著，滞后 1 期的企业养老保险缴费率水平对自身影响在 5% 显著性水平上显著。这说明城镇就业水平的提高对降低企业养老保险缴费率没有影响。可能原因是虽然就业人数增多，但是由于中国人口老龄化的原因，养老保险基金收支失衡严重，增加就业人数所增加的养老保险基金收入仍不能弥补养老金缺口，因而必须维持较高的缴费水平才能保证社会养老保险基金收支平衡。

对于东部、中部和西部地区，当城镇就业水平作为因变量时，滞后1期的城镇就业水平对东部、中部和西部地区城镇就业水平在1%水平上都显著，滞后1期企业养老保险缴费率水平的影响存在差异。在东部和西部地区，滞后1期企业养老保险缴费率水平在10%的显著性水平上对地区内的城镇就业量存在影响。滞后1期企业养老保险缴费率水平对中部地区城镇就业影响没有通过显著性检验，表明对中部地区城镇就业影响不显著。虽然滞后1期的企业养老保险缴费率水平对中部地区城镇就业水平影响不显著，但是滞后1期的企业养老保险缴费率系数值比有显著影响的东部地区还要大，说明东部地区企业缴费水平对城镇就业影响虽然显著，但是东部地区由于土地成本上涨，导致技术密集型企业增多对劳动力的需求减少，劳动力需求趋向饱和。而中部地区承接东部地区转移的劳动密集型企业，其对企业缴纳养老保险缴费水平敏感，使得中部地区企业养老保险缴费率对城镇就业水平的影响程度高于东部地区。当企业养老保险缴费水平作为因变量时，除东部地区滞后1期的企业养老保险缴费率水平在1%显著性水平有影响外，其余无论是滞后1期城镇就业人数还是滞后1期的养老保险缴费率对本地区的企业养老保险缴费率水平均没有通过显著性检验，表明对企业养老保险缴费率没有影响。

通过对影响城镇就业水平和企业养老保险缴费率水平显著性分析可以看出，城镇就业水平和企业养老保险缴费率之间存在着单向影响关系。即企业养老保险缴费率水平的降低会提高城镇就业水平，而企业养老保险缴费率水平无法通过城镇就业水平的提升来达到降低的目的。也就是说企业养老保险缴费水平的高低是影响城镇就业水平的一个重要因素，而城镇就业水平对养老保险缴费没有影响。

4.4 脉冲响应函数分析

PVAR 模型估计结果显示城镇就业水平和企业养老保险缴费率间的直接关系，但是不能反映二者之间的动态变化。脉冲响应函数可以动态描述某一变量受到一个标准差大小的冲击后对自身及另一变量当期值和未来值产生响应的变化情况。脉冲响应分析可以直观地描绘出变量之间的动态交互作用。本节利用脉冲响应函数对企业养老保险缴费率水平对城镇就业影响做进一步分析。

本节脉冲响应分析采用 Cholesky 分解方法通过蒙特卡洛（Monte-carlo）200 次模拟得到脉冲响应函数图 4 - 2、图 4 - 3、图 4 - 4 和图 4 - 5 及表 4 - 6。图 4 - 2 至图 4 - 5 主要研究脉冲响应过程中整体影响的连续变化趋势，表 4 - 6 通过脉冲响应具体数值描述脉冲响应的峰值和累计效应等特征。在脉冲响应函数图 4 - 2 至图 4 - 5 中，横坐标轴表示反应的响应期数，本章将冲击响应期数设定为 6 期。纵坐标轴代表变量受到冲击的响应程度。脉冲响应图 4 - 2 至图 4 - 5 中上下两条线表示 95% 的置信区间，中间线是脉冲响应线，表示变量对各期冲击的响应轨迹。

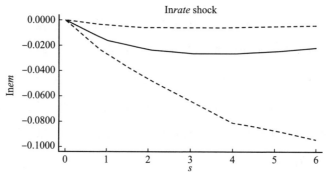

图 4 - 2 企业养老保险缴费率对全国城镇就业水平脉冲响应

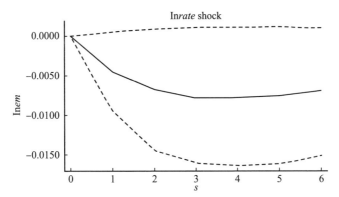

图 4 - 3　企业养老保险缴费率对东部地区城镇就业水平脉冲响应

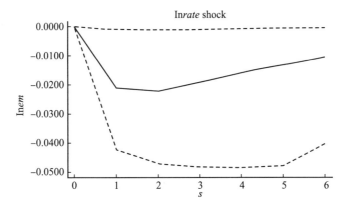

图 4 - 4　企业养老保险缴费率对中部地区城镇就业水平脉冲响应

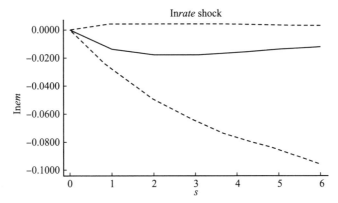

图 4 - 5　企业养老保险缴费率对西部地区城镇就业水平脉冲响应

表4-6　　　　　　　　城镇就业水平脉冲响应函数

变量冲击	期数	响应程度			
		全国范围	东部	中部	西部
ln*rate*	0	0.0000	0.0000	0.0000	0.0000
ln*rate*	1	-0.0153	-0.0044	-0.0210	-0.0138
ln*rate*	2	-0.0232	-0.0067	-0.0222	-0.0174
ln*rate*	3	-0.0263	-0.0077	-0.0193	-0.0172
ln*rate*	4	-0.0264	-0.0079	-0.0159	-0.0157
ln*rate*	5	-0.0247	-0.0075	-0.0129	-0.0138
ln*rate*	6	-0.0222	-0.0069	-0.0105	-0.0120
$\sum$		-0.1381	-0.0411	-0.1018	-0.0899

　　从图4-2可以看出,给定城镇就业水平一个企业养老保险缴费率的一单位标准差正向冲击,对全国城镇就业水平产生负向影响。这种负向影响随着时间推移先加速下降后呈现缓慢减少趋势。结合图4-2和表4-6中第三列数据,可以清晰看到企业养老保险缴费率的一个标准差的正向冲击对每期全国城镇就业水平的影响程度。对于企业养老保险缴费率的一个标准差的冲击,全国总体城镇就业水平对冲击的当期反应为0,随后逐渐产生负向反应。第1期冲击响应值为-0.0153,并且这种冲击效应随着时间的推移逐渐增大,在第4期冲击响应值达到负向最大值-0.0264。此后冲击响应值逐渐收敛,至第6期响应值降为-0.0222,累计冲击效应为-0.1381,即累计冲击效应为-13.81%。

　　从图4-3可以看出,给定城镇就业水平一个企业养老保险缴费率的一单位标准差正向冲击,对东部地区城镇就业水平产生负向影响。但是这种负向影响随着时间推移先加速下降后呈现缓慢减少趋势。东部地区城镇就业水平受到企业养老保险缴费率的冲击后,当期反应同全国范围反应一致都为0。

但是同全国范围城镇就业水平反应相比，东部地区城镇就业水平受到企业养老保险缴费率水平标准差冲击的影响程度较小。通过表4-6第四列中可以清楚看到，在第1期东部地区城镇就业水平受到企业养老保险缴费率的一个标准差的正向冲击后，城镇就业水平的响应值为-0.0044，同样在东部地区企业养老保险缴费率的一个标准差冲击对城镇就业水平影响在第4期达到负向峰值-0.0079，在此之后冲击效应开始降低，到第6期冲击响应降低至-0.0069。前6期累计效应为-0.0411，即累计效应为-4.11%，比全国范围减少4.7个百分点。

从图4-4可以看出，给定城镇就业水平一个企业养老保险缴费率的一单位标准差正向冲击，对中部地区城镇就业水平产生负向影响。但是这种负向影响先是急剧下降后随着时间推移呈现缓慢减少趋势。结合图4-4和表4-6看，面对企业养老保险缴费率的一个标准差正向冲击，中部地区城镇就业水平受到影响和全国范围、东部地区类似。但中部地区城镇就业水平受到企业养老保险缴费率的一个标准差冲击的响应速度和影响程度均高于全国范围和东部地区。中部地区城镇就业水平当期对企业养老保险缴费率水平的冲击并无反应，第1期冲击响应值为-0.021。就业水平第1期对企业养老保险缴费率水平的冲击的响应速度明显快于全国范围和东部地区，全国城镇和东部地区城镇就业水平对企业养老保险缴费率的冲击响应都在第4期达到负向峰值，中部地区城镇就业水平对企业养老保险缴费率的冲击响应在第2期达到负向峰值-0.0222，之后企业养老保险缴费率对中部地区城镇就业的影响随时间减弱的力度要快于全国范围水平和东部地区，至第6期冲击响应值降低至-0.0105。前6期累计效应为-0.1018，即累计效应为-10.18%。

从图4-5中可以看出，同全国范围、东部、中部地区趋势类似，给定城镇就业水平一个企业养老保险缴费率的一单位标准差正向冲击，对西部地区城镇就业水平产生负向影响。但是这种负向影响先是急剧下降后随着时间推移呈现缓慢减少趋势。结合图4-5和表4-6第六列可以看出，西部地区城镇就业水平当期对企业养老保险缴费率的一单位标准差正向冲击效应为 0。第 1 期对冲击的响应为 −0.0138，第 2 期城镇就业水平对企业养老保险缴费率冲击的响应达到负向最大值 −0.0174。之后，随时间推移对冲击响应时的反应逐渐降低，但是影响的收敛速度要慢于中部地区。说明西部地区企业养老保险缴费水平对城镇就业水平的影响显著，且影响时间要长于中部地区，到第 6 期冲击响应值降为 −0.012。前 6 期累积效应 −0.0899，即累计效应为 8.99%。

通过图 4-2、图 4-3、图 4-4、图 4-5 和表 4-6 分析发现，东部地区城镇就业水平受到企业养老保险缴费水平冲击程度最低，中部地区城镇就业水平受到企业养老保险缴费水平冲击程度最高，但是中部地区城镇就业水平受到企业养老保险缴费水平影响时间要短于东部和西部地区，也低于全国范围水平。西部地区城镇就业水平受到企业养老保险缴费水平冲击强度高于东部地区，影响持续时间也长于东部地区，但是都低于中部地区。

4.5 方差分解

通过 PVAR 模型估计，本书发现城镇就业水平除了受自身因素影响外，还受企业养老保险缴费水平的影响。而企业养老保险缴费水平受本身影响较大外，几乎不受城镇就业水平的影响。为更好地考察企业养老保险缴费水平对城镇就业水平的影响，本节在脉冲响应分析基础上，进一步运用方差分解方法分析企业养老保险缴费水平对城镇就业水平变动的贡献程度。

表 4-7 报告了经过 200 次蒙特卡罗（Monto-carlo）方法模拟后全国范围、东部、中部和西部地区城镇就业水平方差分解中城镇就业水平自身和企业养老保险缴费率各自所占比例，即二者对城镇就业水平变化的贡献比例。

为和前文脉冲响应分析期数相契合，表4-7首先详细给出了预测6期的详细方差分解结果。为考虑长期影响，表4-7分别列出第10期、第20期和第30期的结果。

从全国范围样本方差分解结果看（如表4-7所示），第1期城镇就业水平的变动完全由其自身引起，城镇就业水平占比为100%，企业养老保险缴费率的贡献比为0。从第2期开始城镇就业水平自身变动对城镇就业水平的贡献比逐步下降且下降幅度较大，由第2期89%左右的贡献比下降至第6期的55%左右。从第6期之后下降速度减慢，至第10期贡献比下降至47%左右，并在第20期开始逐步稳定在46%左右。企业养老保险缴费率对城镇就业水平变动的贡献比在第1期为0，第2期贡献比上升至11%左右，随后上升速度和城镇就业水平自身下降速度相当。至第6期企业养老保险缴费水平对城镇就业水平变动的贡献比例上升至45%左右。第10期企业养老保险缴费率的贡献比超过城镇就业水平自身的贡献比例达到52%。此后企业养老保险缴费水平的贡献比例增长速度下降并于第20期稳定在54%左右。

表4-7　　　　　　　　　　城镇就业水平的方差分解

变量	时期	全国范围		东部	
		lnem	lnrate	lnem	lnrate
对城镇就业水平的方差分解	1	100.0000	0.0000	100.0000	0.0000
	2	88.8253	11.1747	98.2482	1.7518
	3	76.1631	23.8369	95.5431	4.4569
	4	66.4435	33.5565	92.7383	7.2617
	5	59.6398	40.3602	90.2310	9.7690
	6	54.9856	45.0144	88.1593	11.8407
	10	47.2924	52.7076	83.7356	16.2644
	20	45.6298	54.3702	82.3641	17.6359
	30	45.6233	54.3767	82.3507	17.6493

续表

变量	时期	中部		西部	
		lnem	lnrate	lnem	lnrate
对城镇就业水平的方差分解	1	100.0000	0.0000	100.0000	0.0000
	2	79.1378	20.8622	90.8969	9.1031
	3	68.6370	31.3630	83.5006	16.4994
	4	63.6330	36.3670	78.8247	21.1753
	5	61.0266	38.9734	75.9196	24.0804
	6	59.5629	40.4371	74.0711	25.9289
	10	57.6210	42.3790	71.0903	28.9097
	20	57.2394	42.7606	70.1223	29.8777
	30	57.2341	42.7659	70.0793	29.9207

从分区域方差分解结果看（如表 4 – 7 所示），东部、中部和西部地区都表现为在第 1 期城镇就业水平的变动完全是由其自身引起，企业养老保险缴费率水平对城镇就业水平变动无任何贡献。随着时间的推移，城镇就业水平对其自身的影响逐渐减小，企业养老保险缴费水平对城镇就业水平变动的贡献占比越来越大。到第 20 期，东部、中部和西部地区城镇就业水平自身和企业养老保险缴费率引发的城镇就业水平变动的贡献占比趋于稳定。虽然东部、中部和西部地区方差分解所表现的趋势相同，但是城镇就业水平自身和企业养老保险缴费率的贡献比却有较大差异。东部地区企业养老保险缴费率对城镇就业水平变动的贡献比在各期都最小。第 1 期的贡献比为 1.8% 左右，第 6 期增长至 12% 左右，第 10 期后贡献比的增长速度逐渐降低，至第 20 期企业养老保险缴费率引发的城镇就业水平变动的贡献比为 17.6%。西部地区企业养老保险缴费率水平对城镇就业水平变动的贡献比高于东部地区。除第 1 期和东部地区的养老保险缴费率的贡献比相同外，第 2 期企业养老保险缴费率水平对城镇就业水平变动的贡献比例为 9% 左右，比东部地区

高出 7.2 个百分点。到第 6 期企业养老保险缴费率贡献比例增加至 26% 左右，在第 20 期贡献比达到稳定状态为 30% 左右。中部地区企业养老保险缴费水平对城镇就业水平变动的贡献占比高于西部地区和东部地区。第 1 期企业养老保险缴费率水平的贡献比为 0，第 2 期贡献比增加到 21% 左右，第 6 期贡献比例增加至 40% 左右，之后呈现缓慢增长趋势。到第 20 期企业养老保险缴费率水平对城镇就业水平变动的贡献比达到稳定状态，此时其贡献占比为 43% 左右。

通过表 4 - 7 分析我们可以得出，无论是在全国范围内还是在东部、中部和西部地区企业养老保险缴费水平对城镇就业在短期和长期都有较大影响。从全国范围看，在长期内企业养老保险缴费水平对城镇就业水平的贡献比超过 50%。分区域看，中部地区的养老保险缴费水平的贡献比最高达到 43% 左右，西部地区为 30% 左右，东部地区企业养老保险缴费水平对城镇就业水平的贡献比最低也达到了 18% 左右。对所有地区而言，企业养老保险缴费率水平对城镇就业的短期影响力度要大于长期。

4.6　本章小结

本章采用我国 2005 ~ 2017 年共 13 年 31 个省、自治区和直辖市（不包含港澳台地区）的面板数据，通过建立 PVAR 模型，并根据经济发展水平把样本分为东部、中部和西部地区三个区域，从全国范围视角和分区域视角对企业养老保险缴费率对城镇就业水平的关系进行了研究。研究结果表明：

城镇就业水平和企业养老保险缴费水平之间存在单向关系，即当城镇就业水平作为因变量时，滞后 1 期的城镇就业水平和滞后 1 期的企业养老保险缴费率水平对城镇就业水平产生显著影响。当企业养老保险缴费率水平作为因变量时，滞后 1 期的企业养老保险缴费率水平对企业养老保险缴费率产生显著影响，而滞后 1 期的城镇就业水平对企业养老保险缴费率水平不产生作用。

通过脉冲响应分析可以看出中部地区城镇就业水平受其养老保险缴费率的一个标准差冲击的影响程度最大，且影响速度要快于东部和西部地区，而东部地区城镇就业水平受到企业养老保险缴费率冲击效应无论是从影响程度还是影响速度上均为最低。

从方差分解可以了解到，从全国范围视角和分区域视角企业养老保险缴费率水平无论短期还是长期均对城镇就业水平有较大贡献，但是养老保险缴费率水平对城镇就业水平的短期影响力度要大于长期。中部地区企业养老保险缴费率对地区城镇就业的贡献比最大超过 40%，西部地区企业养老保险缴费率对地区城镇就业的贡献比也达到了 30%，东部地区的贡献比例最小为 18% 左右。

第5章

企业养老保险缴费率对城镇就业影响分析

——基于个体效应模型实证分析

2019 年中国政府首次将就业优先政策置于宏观政策层面，与财政政策、货币政策并列为宏观调控三大政策，凸显了我国巨大的就业压力。2010 年城镇登记失业人数 908 万人，2018 年城镇登记失业人数增加到 974 万人。根据中国统计数据显示，2010～2018 年间中国城镇登记失业率[①]最高时为 2010 年 4.1% 的失业率，最低时为 2018 年 3.8% 的失业率。中国失业率从 2010 年到 2018 年持续降低（如图 5-1 所示）。

按照吴要武和陈梦玫计算我国实际失业人数方法，我国城镇实际失业率要远远高于城镇登记失业率。从图 5-1 可以看出，虽然我国城镇登记失业率一直维持在低位，但是我国城镇户籍实际失业率[②][③]从 2010 年的 7.13%

---

① 城镇登记失业率是指城镇登记失业人员与城镇单位就业人员（扣除使用的农村劳动力、聘用的离退休人员、港澳台及外方人员）、城镇单位中的不在岗职工、城镇私营业主、个体户主、城镇私营企业和个体就业人员、城镇登记失业人员之和的比值。

② 城镇户籍实际失业率本章定义为拥有城镇户籍的实际失业人员与拥有城镇户籍的就业人员和拥有城镇户籍的失业人员之和的比值。

③ 城镇户籍实际失业人数计算过程为：第一步，2010 年人口普查汇总数据报告了失业者在城市、镇和乡村的数量分布，农村的失业比例为 22.8%，城镇的失业比例为 77.2%。在缺少其他补充性信息的条件下，假定 2011～2018 年期间，失业者的城乡分布仍然保持这个比例，可以将 2010～2018 年以来的失业者划分为城镇失业者和农村失业者。第二步，根据国家卫计委流动人口服务中心每年开展的全国流动人口动态监测数据，计算出外来人口中农业户口者在 2010～2016 年的失业率，推算出历年的农民工失业者数量。将城镇失业者数量减去农民工失业者数量就是城镇户籍人口的失业者数量。

图 5-1　2010～2018 年城镇登记失业率和城镇户籍实际失业率

下降至 2012 年的 4.81% 之后呈现波动上升趋势，2017 年城镇户籍实际失业率上升至 8.3%，2018 年略有下降，但仍然高达 7.9%，比 2018 年城镇登记失业率高出 4.1 分百分点。失业率反映一定时期内面临的就业压力，通过城镇户籍实际失业率的增长，可以看出我国目前面临的就业压力。

　　国内外学者在研究中发现社会保障负担通常是影响就业的关键因素之一。社会保障税提高了企业非劳动成本，阻碍了就业。同世界大多数国家一样，中国依靠向企业和个人征缴社会养老保险费来为退休人员提供养老金。目前，中国企业反映最大的两个问题，一个是工资增长过快，另一个是企业缴纳的社会保险费比例过高所形成的劳动成本上升。面对企业非工资劳动成本增加，企业可以采取将缴费负担转嫁到劳动者身上的方式减少劳动成本，或者采取资本替代劳动减少劳动力使用来降低企业劳动成本。克鲁格（Gruber，1997）、萨默斯（Summers，1989）、库格勒和库格勒（Kugler & Kugler，2008）等学者认为社会保障税对就业的影响取决于雇员对社会保障税的态度：如果雇员把企业缴纳的社会保障税完全认为是自己未来的福利，则企业可以通过降低工资的方式把增加的社会保障税转嫁到雇员身上，社会保障税的征缴不会对就业产生影响。如果雇员不认可雇主缴纳的社会保障税等价于自身未来的福利，则企业不能通过降低工资方式将征缴的社会保障税进行转嫁，因此社会保障税的征缴会减少就业数量。然而实证研究的结果却存在着完全不同的结论。布里坦（Brittain，1972）、达弗里和塔贝利尼（Daveri & Tabellini，2000）、克鲁斯（Crues，2010）、里法恩和鲍尔（Riphahn & Bauer，2002）等研究发现社会保障税对就业的影响很小或对就业没有任何影响。格鲁伯和克鲁格（Gruber & Krueger，1991）、斯泰纳（Steiner，1996）、加西亚和萨拉（Garcia & Sala，2006）等学者研究认为社会保障税以较低工资形式部分转移到雇员身上，企业必须自己承担一部分社会保障税成本从而导致企业减少雇员数量。赛斯（Saez，2017）等学者认为长期的社会保障税消减计划对雇员工资无影响但是可以刺激企业雇用更多的劳动力①。中国学者就社会保险缴费水平对我国就业影响进行的研究，王志峰（2007）、刘新红（2009）研究表明社会保险负担重，企业社会保险缴费率越高，企业越有动机寻求以资本、技术等生产要素替代劳动力进行生产，社会保险缴费对劳动力就业挤出效应越大。马双（2014）、陶纪坤和张鹏飞（2016）通过分析发现，社会养老保险缴费水平制约着企业雇用人数。

降低企业养老保险缴费率水平可以有效地降低企业非工资劳动成本，改善企业盈利水平，进而增加就业的可能性，但是学者大量的研究表明社会保险税对就业水平是否存在影响看法并不一致。对此，目前中国采取的降低企业养老保险缴费率能否有效减少企业非工资劳动成本，进而刺激企业增加雇用人数扩大就业规模并不明晰。因此本书在第 4 章 PVAR 模型分析的企业养老保险缴费率水平对城镇就业影响的基础上进一步研究了企业养老保险缴费率的降低对我国城镇就业影响的具体程度。

① Saez Emmanuel, Schoefer Benjamin, Seim David. Payroll taxes, firm behavior and rent sharing: evidence from a young workes' tax cut in Sweden [R]. NBER Working Paper, No. 23976, 2017 (11).

本章首先基于静态面板数据，通过个体效应模型和混合回归模型检验，确定采用个体效用模型。其次通过豪斯曼检验确定随机效应模型研究企业养老保险缴费率水平的变动对我国城镇就业有无挤出效应及挤出效应程度。实证研究发现企业养老保险缴费率对城镇就业量存在显著的挤出效应。企业养老保险缴费率上升 1% 将会引起城镇就业水平下降 0.084%。考虑到我国东部、中部和西部地区发展的明显差异，利用东部、中部和西部地区长面板数据就企业养老保险缴费水平变动对城镇就业水平的影响进行估计。实证研究发现企业养老保险缴费率对东部、中部和西部地区城镇就业均产生了负向影响。其中东部地区是在 5% 显著性水平上显著，西部地区是在 1% 显著性水平上显著，中部地区不显著。企业养老保险缴费率上升 1%，东部地区城镇就业水平下降 0.053%，中部地区城镇就业水平下降 0.0235%，西部地区城镇就业水平下降 0.1%。

5.1 企业养老保险缴费率对城镇就业影响的理论分析及影响路径

5.1.1 企业养老保险缴费率对城镇就业影响的理论框架

在企业养老保险缴费率对城镇劳动力就业影响的宏观分析中，本章假设劳动力市场处于一个有相似产能和劳动成本，并对产品市场影响相同的竞争性市场中。在这样的市场中第 i 个企业的柯布 - 道格拉斯生产函数为式（5 - 1）：

$$Y_{it} = A_t K_{it}^{\alpha} L_{it}^{\beta} \tag{5-1}$$

其中，Y_{it} 表示第 i 个企业在第 t 时期的产出；

A_t 表示第 t 时期不能由资本和劳动解释的其他要素；

K_{it} 表示第 i 个企业在第 t 时期的资本投入；

L_{it} 表示第 i 个企业在第 t 时期的劳动需求量；

α、β 分别表示资本产出弹性和劳动产出弹性。

在政府对企业征缴养老保险费条件下，企业通过选择劳动和资本数量以实现利润最大化。在商品市场中，有 M 个企业进行相同的经济活动，则总的企业利润最大化可表示为式（5 - 2）：

$$\max \pi = PY - rK - w(1 + \tau)L \tag{5 - 2}$$

其中，P 为产出价格水平，r 为资本投入单位使用成本，w 为企业劳动力工资水平，τ 为企业养老保险缴费率水平。

企业利润最大化条件是其一阶导数为 0。在式（5 - 2）中分别对 K 和 L 求导得式（5 - 3）和式（5 - 4）：

$$\frac{\partial \pi}{\partial K} = P \frac{\partial Y}{\partial K} - r = 0 \tag{5 - 3}$$

$$\frac{\partial \pi}{\partial L} = P \frac{\partial Y}{\partial K} - w(1 + \tau) = 0 \tag{5 - 4}$$

再对式（5 - 1）求导可得式（5 - 5）：

$$\frac{\partial Y_{it}}{\partial K_{it}} = A_t \alpha K_{it}^{\alpha - 1} L_{it}^{\beta} \tag{5 - 5}$$

$$\frac{\partial Y_{it}}{\partial L_{it}} = A_t \beta K_{it}^{\alpha} L_{it}^{\beta - 1} \tag{5 - 6}$$

对式（5 - 3）、式（5 - 4）、式（5 - 5）、式（5 - 6）整理可得式（5 - 7）：

$$K_{it} = \frac{\alpha L_{it} w (1 + \tau)}{r \beta} \tag{5 - 7}$$

将式（5 - 7）代入式（5 - 1）中，得到式（5 - 8）：

$$L_{it}^{\alpha+\beta} = A_t^{-1} \left(\frac{\alpha}{\beta}\right)^{-\alpha} \left(\frac{w}{r}\right)^{-\alpha} (1+\tau)^{-\alpha} Y_{it} \qquad (5-8)$$

对式（5-8）两边取自然对数，并经过整理可得式（5-9）：

$$\ln L_{it} = \alpha_0 + \alpha_1 \ln\frac{w}{r} + \alpha_2 \ln(1+\tau) + \alpha_3 \ln Y_{it} \qquad (5-9)$$

其中 $\alpha_0 = -\dfrac{\ln A + \alpha\ln\dfrac{\alpha}{\beta}}{\alpha+\beta}$，$\alpha_1 = -\dfrac{\alpha}{\alpha+\beta}$，$\alpha_2 = -\dfrac{\alpha}{\alpha+\beta}$，$\alpha_3 = -\dfrac{1}{\alpha+\beta}$。

5.1.2 企业养老保险缴费率对城镇就业影响路径分析

同分析企业养老保险缴费率对城镇就业影响理论框架一致，为了阐明企业养老保险缴费率水平通过何种途径影响城镇就业水平，本节假设在商品市场上，第 i 个厂商生产函数为 $F(L_i)$，在完全竞争市场上 M 个相似厂商，则总劳动需求函数为 $L = ML_i$，根据一阶导数为 0 的企业利润最大化条件可得：

$$\frac{\partial\pi}{\partial L} = PF'(L) - w(1+\tau) = 0$$

则可得式（5-10）：

$$PF'(L) = w(1+\tau) \qquad (5-10)$$

式（5-10）为在市场出清状态下工资和就业水平为劳动力需求和劳动力供给相等时候的工资和就业水平。

对于劳动力供给，本章参照库格勒和库格勒（Kugler & Kugler, 2009）[①] 给出的劳动力供给函数，得到式（5-11）：

$$L = [w(1+b\tau)]^{\varepsilon} N \qquad (5-11)$$

---

① Kugler A, M Kugler. Labor Market Effects of Payroll Taxes in Developing Countries: Evidence from Colombia [J]. Economic Development & Cultural Change, 2009 (5): 335-358.

其中，N 为总的劳动力，ε 为劳动力供给弹性，b 为劳动者对企业缴纳的养老保险的价值评价（当 $b=1$ 时，劳动者完全认可企业缴纳的养老保险费用视为自己未来收入的一部分）。

把劳动供给函数式（5－11）代入式（5－10）中并对式（5－10）对企业养老保险缴费率求偏导可得式（5－12）：

$$\frac{\partial \ln w}{\partial \tau} = \frac{PF''(L)\varepsilon\left[w(1+b\tau)\right]^{\varepsilon-1}Nb-1}{-PF'(L)\left[w(1+b\tau)\right]^{\varepsilon-1}N(1+b\tau)+(1+\tau)} \qquad (5-12)$$

根据经济学理论，生产函数 $F(L)$ 边际收益递减，则其二阶导数小于 0，即 $PF''(L)<0$，可知：

$$PF''(L)\varepsilon\left[w(1+b\tau)\right]^{\varepsilon-1}Nb-1<0$$

$$-PF'(L)\left[w(1+b\tau)\right]^{\varepsilon-1}N(1+b\tau)+(1+\tau)>0$$

可推知 $\frac{\partial \ln w}{\partial \tau}<0$，说明企业养老保险缴费率水平的上升会引起工资水平下降。

对式（5－10）求导可得式（5－13）：

$$\frac{\partial \ln L}{\partial \tau} = \left[\frac{\partial \ln w}{\partial \tau}(1+\tau)+1\right]\frac{w}{L} \qquad (5-13)$$

从式（5－13）可以看出，企业养老保险缴费率水平对城镇就业水平的影响主要通过企业养老保险费率的变动对企业工资成本的转嫁程度来实现。如果企业能够把养老保险缴费增加的成本完全转嫁到工人工资上，则企业养老保险缴费率水平不会影响就业水平，即对就业没有挤出效应。但是如果有最低工资限制或工会工资谈判等制约，企业不能把缴纳的养老保险费率增加的成本完全以低工资形式转嫁给雇员，则企业养老保险缴费率水平会影响企业雇用人数，则对就业有挤出效应。

5.2　模型设定和变量及数据说明

5.2.1　模型设定

由理论推导出的劳动力需求方程 $\ln L_{it} = \alpha_0 + \alpha_1 \ln \frac{w}{r} + \alpha_2 \ln(1+\tau) + \alpha_3 \ln Y_{it}$ 在实际中除受到方程中变量影响外，还受到其他因素的影响。基于劳动力需求即式（5-9）所示，本书在以下几个方面对劳动力需求模型进行扩展。

第一，本章面板数据是省级面板数据，为了消除不随个体但随时间而发生变化的不可观测或遗漏变量对城镇就业水平的影响，同时为了节省参数，本章在方程中引入时间趋势变量 t。

第二，对于劳动和资本价格比 $\frac{w}{r}$，w 为企业劳动力工资，r 为资本投入单位使用成本。由于资本使用价格难以用一个替代因素准确度量，同时本章对平均工资取对数用弹性解释平均工资变化对就业的影响。因此用平均工资 w 作为劳动和资本价格比 $\frac{w}{r}$ 的替代变量。参考刘苓玲等（2015）对平均工资的处理，在方程中纳入平均工资的平方项以考察工资和劳动之间的非线性关系。

第三，在除时间趋势变量 t 之外，对其他变量采取对数形式，利用其系数表示弹性，对于变量 $(1+\tau)$，本章用 τ 替代 $(1+\tau)$，目的是使变量企业养老保险缴费率 τ 的系数能比较容易用弹性进行解释。

第四，克拉克、库兹涅兹、刘易斯和钱纳里都对产业结构对就业的影响进行过研究。克拉克认为在经济发展水平较低时劳动力主要集中在第一产业，随着经济发展第二产业能够吸纳大量劳动力，此后劳动力会向第三产业转移①。库兹涅茨认为工业化达到一定程度后，第二产业吸纳劳动力数量降低，第三产业吸收劳动力能力超过第二产业，劳动力向第三产业流动②。钱纳里将产业分为初期、中期和后期三个阶段，在不同时期结构转换过程中就业结构会发生变化③。因此，本章将产业结构作为影响城镇就业水平的因素纳入到劳动力需求方程中。

第五，剩余产品出口理论认为一国可以将闲置的工地和劳动力用来生产剩余产品以供出口，贸易的发展为该国剩余劳动力提供就业机会。比较优势理论认为国家与国家之间因为劳动生产率差异，不同国家根据自身生产比较优势产品，资源得到充分利用，起到增加就业的作用。因此，本章在劳动力需求方程中考虑加入近几十年来促进我国改革开放，为我国提供众多就业机会的经济开放程度指标。

第六，信息化是世界经济和社会发展的趋势，其为社会发展提供了动力。2000年世界银行报告称，信息技术落后是发展中国家失去"机会"的主要因素之一。随着互联网技术为代表的信息与通信技术不断重构时空关系，企业网上招聘或者求职者网络求职兴起并迅速发展。网上招聘可以突破招聘地域约束，减少招聘时间和成本，求职者通过网上求职可以更方便寻找适合自身的工作，减少外出求职的盲目性和成本④。迈耶尔（Mayer，2011）研究指出，如果关闭社会网络的信息传递通道，失业者会更难找到工作。信息传递可以使美国的固定失业率从6.5%降至5%⑤。本章把信息化程度纳

---

① 郭熙保. 柯林克拉克的经济进步理论详述 [J]. 经济学动态，1993（6）：61-65.

② 西蒙·库兹涅兹. 各国的经济增长 [M]. 北京：商务印书馆，2017.

③ H. 钱纳里. 工业化和经济增长的比较研究 [M]. 上海：上海三联出版社，1995.

④ 王献峰. 互联网对新生代农民工城市融入的影响研究——以郑州市为例 [D]. 郑州：郑州大学.

⑤ Mayer A. Quantity the effects of job matching through social networks [J]. Journal of Applied Economics，2011（5）：35-59.

入方程中作为影响城镇就业水平的因素之一进行考察。

第七，在市场竞争条件下企业的经济活动是以利润最大化为基础的。通过式（5－10）可以看出，企业对劳动力需求的变化可以看作是企业利润最大化追求的伴生现象。马克思也认为，资本家的利润和积累比率的减少，必然导致所吸纳的就业数量的减少。高岩濑和吴庆东（1998）指出，在20世纪90年代日本公司低利润时期，日本的失业率持续上升。到1997年失业人数大约为220万~240万人，超过70年代石油危机后的衰退期和80年代日元急速升值所引起的衰退期。由于在日本利润下降，日本公司把生产从日本转移到海外，结果是减少国内劳动力需求导致了大量失业①。因此，本章将企业利润水平纳入到劳动力需求方程中，考察企业盈利能力对城镇就业水平的影响。

第八，刘易斯的劳动力流动与两部门结构发展理论认为，由于劳动力的无限供给，农业部门由于劳动力充足从而劳动力的边际生产力低下，只要工业部门支付的工资水平高于农业部门支付的只能维持生存的工资水平，农村剩余劳动力就会向城镇转移。工业部门吸纳了农村全部剩余劳动力使农业部门成为了现代经济的一部分。现代经济结构替代二元经济结构②。乔根森（Jorgen，1961）认为，当人均粮食供给增长率大于人口增长率时农业剩余就产生了，农业剩余驱动的农业劳动力向工业部门转移③。基于城镇化水平代表劳动力人口聚集程度，从侧面反映了一个地区劳动力的供给状况。因此，本章将城镇化水平作为劳动力供给状况的替代指标纳入到劳动力需求方程中，通过将城镇化水平作为控制变量之一，研究企业养老保险缴费水平对城镇就业水平的影响。

基于上述影响因素分析，为了减少遗漏变量对企业养老保险缴费水平对

---

① 高岩濑，吴庆东. 日本变化中的劳动与就业体系 [J]. 经济资料译丛，1998 (2)：78－81.

② 阿瑟·刘易斯. 二元经济论 [M]. 北京：北京经济学院出版社，1989.

③ Jorgen D W. The Development of Duel Economy [J]. Economical Journal，1961 (11).

城镇就业的影响，本章在模型中纳入产业结构、经济开放程度、信息化程度、企业利润水平和城镇化水平等变量。因此，劳动力需求方程在进行面板分析中采用如下方式作为标准的劳动力需求方程形式：

$$\ln L_{it} = \varphi_0 + \varphi_1 \ln X_{it} + \varphi_2 \ln Z_{it} + \varphi_3 G_{it} + \varphi_4 t + \mu_{it}$$

其中，i 代表省份，$i = 1，2，\cdots，31$，t 代表时间，$t = 2005，2006，\cdots，2018$；

L 代表因变量城镇就业水平；

X 代表核心解释变量，即企业养老保险缴费率；

Z 代表控制变量，即工资水平、产出水平、产业结构、经济开放程度、信息化程度、城镇化水平；

G 代表控制变量企业利润水平[①]；

φ 代表解释变量的弹性；

μ_{it} 表示误差项，$\mu_{it} \sim iid(0，\delta_i^2)$。

5.2.2　变量及数据说明

1997 年《关于建立统一的企业职工基本养老保险制度的决定》虽然明确在全国范围内建立统一的社会养老保险制度，规定按本人缴费工资的 11% 的数额为职工建立基本养老保险。个人缴费全部计入个人账户，其余部分从企业缴费中划入。2005 年《关于完善企业职工基本养老保险制度的决定》中规定从 2005 年起企业缴纳的养老保险费用全部划入社会统筹账户，不再按比例划入个人账户，个人缴费全部计入个人账户。本章主要研究企业

---

① 企业利润水平没有采用对数形式，原因主要是 2015 年山西和甘肃两省规模企业以上企业利润总额分别为 −31 亿元和 −92 亿元。文献中对负数在计量中取对数有几种方式：第一种，负数用 0 替代；第二种，将负数量统一加一个常数，使得该变量所有值为正；第三种，数据标准化后平移。但是大部分学者对有负数的变量采用负数值直接回归，本章也采用直接回归方式。

养老保险缴费率对城镇就业影响，如果以 1997 年为研究起点，则 1997 ~ 2004 年间社会养老保险基金收入较难准确地在社会统筹账户和个人账户之间进行分配，其结果会降低企业养老保险实际缴费率准确度。而 2005 年之后的数据则无此方面干扰，可以较准确地计算企业实际养老保险缴费率水平。因此，本章选择样本区间为 2005 ~ 2018 年间共 14 年中国 31 个省、自治区和直辖市（不包含港澳台地区）的相关数据进行问题研究。

本章所用数据来源为《中国统计年鉴》《中国区域经济统计年鉴》《中国互联网络发展统计报告》①，2005 ~ 2018 年消费价格指数来源于万德数据库。本章主要考查的是城镇职工社会养老保险体系，故变量以城镇社会为统计口径，有些变量城镇和农村数据无法区分时则以整个地区为统计口径，表示比值的各个变量均取值百分比。相关数据以 2005 年为基期，以 2005 ~ 2018 年居民消费价格指数进行折算。此外，为了分析企业养老保险缴费率水平对城镇就业影响的区域差异性，本章按照东部、中部和西部对中国各省份进行划分②。

5.2.2.1 被解释变量：城镇就业水平

城镇就业水平指标共有两类：一类是总量指标，另一类是比值指标。朱文娟等（2013）在分析城镇就业水平时采用比值指标。刘苓玲等（2015）、库格勒等（Kugler et al.，2008）学者使用了总量指标作为衡量就业水平的指标，陶纪坤等（2016）采用增长率指标为衡量就业水平的指标。本章研究企业养老保险缴费水平对城镇就业的影响。为清晰展示城镇就业水平变化，城镇就业水平采用总量指标，即采用城镇单位就业人数、城镇私营企业和城镇个体就业人数之和作为城镇就业水平的变量指标。2005 ~ 2011 年城

---

① 2005 ~ 2016 年互联网普及率数据来源于《中国互联网络发展统计报告》第 17、第 19、第 21、第 23、第 25、第 27、第 29、第 33、第 35、第 37 和第 39 次报告。2017 年和 2018 年互联网络普及率数据来源于《网速中国互联网发展报告》。

② 东部、中部、西部区域划分标准请参照第 4 章相关章节内容。

镇就业人数直接来自统计年鉴，2011～2018 年城镇就业人数根据城镇单位
就业人数和按行业城镇私营和个体就业人数加总得到。

5.2.2.2 核心解释变量：企业养老保险缴费率水平

1997 年，国务院出台的《关于建立统一的企业职工基本养老保险制度
的决定》中规定的企业养老保险缴费率实际上为企业法定养老保险缴费率。
企业法定养老保险缴费率因为在时间上的稳定性，使其在相关学术研究中较
少被使用。由于不同企业对社会保险的认知上有一定差别，如克里斯和拉塞
尔（Chris & Russell，2006）等以上海企业层面数据探讨企业参加社会保险
时，发现上海有将近 80% 以上的企业存在少缴或逃避参加社会保险的行
为[1]。企业实际缴纳的养老保险费率会因企业之间认知上的差异而存在变
化。企业养老保险缴费率的变化避免了计量问题。故本章使用企业实际养老
保险缴费率[2]作为企业养老保险缴费率水平的变量指标。

企业实际养老保险缴费率是本章进行计量分析的核心解释变量，根据已
有研究成果，本章假设企业养老保险缴费率和城镇就业水平之间存在负相关
关系。

5.2.2.3 控制变量一：产出水平

奥肯定律认为 GDP 每增加 2% 失业率大约下降 1 个百分点。新古典经济
增长理论也发现 GDP 增长能够增加对劳动需求的投入，在衡量一个国家产
出水平的诸多指标中国内生产总值是最全面的一个指标，大多数学者在研究
产出水平时，也采用人均 GDP 指标作为衡量产出水平的指标。因此，本章

---

[1] Chris Nyland，Russell Smyth，Cherrie Jiuhua Zhu. What Defermines the extent to which Employers will comply with their social security obligations：evidence from chinese firm-level data [J]. Social Policy and Administration，2006（2）：196－214.

[2] 企业实际养老保险缴费率计算方法见第 4 章有关部分。

在研究产出水平对城镇就业影响时也遵循大多数学者使用方法采用人均GDP这一指标表示产出变量，在省级层面以区域人均生产总值表示该区域人均产出量。本章根据各地区消费物价指数将 2005~2018 年各地区人均生产总值折算以 2005 年不变价格为基期的人均 GDP。

本章假设随着产出水平的提高，城镇就业规模会随之扩大，即城镇就业水平和产出水平之间呈正相关关系。

5.2.2.4 控制变量二：职工工资水平

职工工资主要有两种表示方式：名义工资和实际工资。名义工资是指职工劳动所得到的货币工资。实际工资是劳动者用货币工资实际能够买到的商品的数量。马歇尔的均衡价格工资理论认为工资是由劳动力的需求价格和供给价格相均衡时的价格决定的。其中劳动力的供给价格取决于劳动者的生活费用，即劳动者维持自身及家庭成员生活所需的最低费用，即便在劳动供给弹性较小或劳动需求弹性较大状况下，实际工资下降过多也能降低劳动者就业意愿。因此，本章选择实际职工平均工资水平作为工资水平的变量指标。实际职工平均工资水平是用在职职工名义平均工资以 2005 年为基期的居民消费价格指数来进行调整所得。

根据已有研究成果，本章假设城镇就业人员实际平均工资水平和城镇就业水平之间呈负相关关系。

5.2.2.5 控制变量三：产业结构

产业结构指的是国民经济中各产业之间的比例关系。克拉克在《经济进步的条件》中将产业分为三类：第一产业、第二产业和第三产业。我国第二产业在整个产业体系中发展时间长，基础雄厚，能够吸纳就业比较稳定。第三产业由于资本劳动比低于第二产业和第一产业，有能力吸纳大量就业，是我国经济转型时期增加就业的主要渠道。有很多文献采用不同产业结构高级化指标度量产业结构变化，但是本章对于产业结构主要考虑第二、第三产业变化对城镇就业水平的影响，并不考虑产业结构是否合理等问题。因此本章仍遵循一般研究做法：把第二、第三产业产值占 GDP 比重作为产业结构的度量指标。对产业结构指标进行对数化处理一是可以用经过对数化处理的产业结构的系数表示产业结构的就业弹性，二是可以减少数据异方差的可能性。

一般认为随着第二、第三产业占 GDP 的比重越大提供的就业总量越大。因此，本章假设在其他变量不变条件下产业结构升级与城镇就业水平呈正相关关系。

5.2.2.6　控制变量四：信息化程度

在中国 20 世纪 90 年代之后互联网技术飞速发展。根据第 44 次《中国互联网络发展统计报告》，截至 2019 年 6 月，我国网民规模达 8.54 亿人，互联网普及率达到 61.2%，其中农村网民 2.25 亿人，城镇网民 6.3 亿人。截至 2019 年 6 月，我国网民使用手机上网比例高达 99.1%。2019 年《中国网民搜索引擎使用情况研究报告》指出，截至 2019 年 6 月用户在工作和学习场景下使用搜索引擎的比例最高达到 76.5%，搜索引擎用户中 77.3% 的用户通过搜索服务找到自己所需信息。从报告中可以看出，互联网与用户的工作生活结合更密切。互联网创造的多元工作生活方式对劳动力市场有重大影响，因此在借鉴他人对信息化程度测量指标的基础上，本章采用互联网普及率这一指标作为衡量人们拥有和使用信息能力的指标。

互联网普及率越高，信息化程度越高，人们获取和使用信息技术的手段和能力越大。因此，本章假设互联网普及率对就业会产生正向影响。

5.2.2.7　控制变量五：经济开放程度

国内外学者主要采用贸易开放度、资本开放度、出口依存度、进口渗透率、外商直接投资比例、对外金融比率和对外投资比率等指标判断我国对外开放程度。采用哪种指标或指标体系度量对外开放度要考虑指标运用的方便性、现实可行性、数据的可获得性，以及经济理论支撑等因素①。本书主要研究企业养老保险缴费率水平对城镇就业的影响，因此度量对外开放度指标需要简洁且数据可得。我国自改革开放以来一直采取出口导向政策鼓励出口，以此来推动产业结构调整和经济结构的多元化，增加我国就业规模。进口可以缓解资源不足的制约，加快科技进步，但是同时进口也会压缩国内企业产品消费。本章采用外贸依存度和进口渗透率之和的对贸易比率作为对外开放度的指标。进出口贸易数据来源于《中国区域经济统计年鉴》各期。由于进出口数据是以美元表示的，为了单位统一须将进出口数额按照当年年平均汇率转换为人民币货币单位。

对外贸易比对就业的影响，因进口渗透率的不确定而不确定，需要通过实证检验。

5.2.2.8　控制变量六：企业平均利润

企业利润水平衡量企业的盈利能力，也从一个侧面反映企业经营状况和成本费用的问题。作为衡量企业盈利能力的利润水平有绝对指标和相对指标之分。一部分学者利用销售净利润率作为企业利润水平的指标，还有学者采用利润总额作为企业利润水平的替代指标。各省份由于地区差异导致企业数量差异较大。企业总体利润水平不能反映地区真实的企业利润水平，因而本章采用企业平均利润水平作为地区异质性因素指标来考察对就业水平的影响。国家统计部门没有统计规模以下企业的利润水平，因而很难获得全部企业的利润水平数据。本章采用规模以上工业企业的平均利润作为企业平均利润的替代变量。

---

① 赵伟，何元庆，徐朝晖. 对外开放程度度量方法的研究综述［J］. 国际贸易问题，2005（6）：32－35.

一般情形认为，企业平均利润水平越高，企业扩大生产规模增加劳动需求越有可能。因此，本章假设企业平均利润水平对城镇就业产生正向影响。

5.2.2.9　控制变量七：城镇化水平

城镇化一般是指农村人口转化为城镇人口。是由农业人口占多数的农业社会向非农业人口占多数的现代社会转变的过程①。本章采用城镇化率作为城镇化水平的替代变量，城镇化率一般采用人口统计学指标，中国统计的城镇人口是指居住在城镇范围内的全部常住人口，实际上包括户籍为城镇人口和长期居住在城区的农村户籍人口。由于城镇户籍人口数据难以获得，本章采用城镇人口作为城镇户籍人口的替代变量来计算城镇化率。

根据已有研究成果，本章假设城镇化率和城镇就业水平之间呈正相关关系。

各变量的定义与描述如表5-1所示。

表5-1　　　　　　　　　　　　变量定义与描述

变量符号		变量名称	变量含义	关系
被解释变量	lnemploy	城镇就业	城镇单位就业人数＋城镇私营企业和城镇个体就业人数后取对数	
核心解释变量	lnrate	企业养老保险缴费率	［城镇职工社会养老保险基金收入/（城镇职工平均工资×参保职工人数）］×［法定企业养老保险缴费率/（法定企业养老保险缴费率＋法定个人养老保险缴费率）］取对数	-

---

① 黄明，耿中元. 我国城镇化与城镇就业的实证研究［J］. 中国管理科学，2012（11）：747-752.

变量符号		变量名称	变量含义	关系
控制变量	lnagdp	平均产出水平	地区生产总值/地区人口数并以2005年为基期用居民消费物价指数调整后取对数	+
	lnawage	职工社会平均工资	以2005年为基期用居民消费物价指数调整后取对数	−
	lnindus	产业结构	地区第二、第三产值/地区生产总值后取对数	+
	lninfor	互联网普及率	地区网民人数/地区人口数后取对数	+
	lnopen	对外贸易比	地区进出口总值/地区生产总值后取对数	+ / −
	aprofit	企业平均利润	地区企业总利润水平/地区企业数	+
	lnurban	城镇化率	地区城镇人口数/地区人口数后取对数	+
	lnawage2	职工平均工资平方	职工平均工资对数后平方	−

5.2.3 变量描述性统计分析

实证分析前需要对数据进行统计分析以便了解数据的特征。表5-2报告了全国范围、东部、中部和西部地区各变量的均值、最大值、最小值和标准差等描述性统计值。由表5-2可以看出，城镇就业水平、企业养老保险缴费率、职工平均工资、人均产出水平、互联网普及率、产业结构、对外贸易比、企业平均利润水平和城镇化率9个指标的均值均大于标准差，表明9个变量构成的面板数据不存在极端异常值，面板数据不需要进行异常值处理直接就可以进行实证。从样本的统计描述性中可以看出各地区变量值存在较大差异。城镇就业水平均值为929万人，各地区之间变动范围在32万 ~ 5769万人之间。企业养老保险缴费率水平均值为17%左右，地区企业养老保险缴费率最小只有5%，最大养老保险缴费率36%，相差31个百分点。企业职工平均工资均值为36043元，地区间变动范围在13688 ~ 107922元之间。平均产出水平均值为 35774 元，变动范围在 5051～158326 元之间。互联网普及率均值为 37%，互联网普及率最小值仅有 2.8%，是互联网普及率最高 79% 的 1/28。对外贸易程度和互联网普及率相似。企业平均利润水平均值为 1710 万元，最小值为 2015 年甘肃省企业平均利润 −428 万元，最高达到 6263 万元。中国平均城镇化率为 53% 左右，最小城镇化率为 22%，最高城镇化率达到 90%。按照 90% 的国际标准城镇化地区已经完成城镇化。（具体数值如表 5 −2 所示）。

表 5 −2　　　　　　　　　　　主要变量的描述性统计

地区	样本数量	变量名称	均值	标准差	最小值	最大值
全国	434 = 30 × 14	*employ*（万人）	928. 86	799. 88	32. 00	5769. 00
		rate（%）	16. 77	4. 71	5. 00	36. 00
		agdp（元）	35774. 05	27070. 93	158326. 00	5052. 00
		awage（元）	36043. 22	15652. 68	13688. 00	107922. 00
		indus（%）	37. 08	19. 07	2. 80	79. 00
		infor（%）	89. 18	5. 60	67. 27	99. 68
		open（%）	28. 96	33. 16	1. 16	166. 92
		aprofit（万元）	1710. 75	143. 18	−428. 00	6263. 00
		urban（%）	52. 63	14. 52	21. 90	89. 60
东部	154 = 11 × 14	*employ*（万人）	1392. 3	1069. 39	121. 71	5768. 65
		rate（%）	13. 00	4. 12	5. 05	24. 07
		agdp（元）	57155. 95	33352. 17	11165. 00	158326. 30
		awage（元）	42637. 01	19046. 63	14417. 00	107921. 90
		indus（%）	92. 41	6. 92	67. 27	99. 68
		infor（%）	47. 91	19. 59	7. 10	79. 00
		open（%）	61. 19	38. 63	15. 53	166. 82
		aprofit（万元）	1701. 87	1165. 65	274. 00	6263. 29
		urban（%）	65. 07	14. 13	37. 69	89. 60

续表

地区	样本数量	变量名称	均值	标准差	最小值	最大值
中部	112 = 8 × 14	*employ*（万人）	909.70	394.25	395.33	2243.36
		rate（%）	17.66	3.24	11.82	26.03
		agdp（元）	25458.19	10276.31	8670.00	49115.09
		awage（元）	30241.79	10401.42	13688.00	53776.79
		indus（%）	87.76	3.59	81.35	95.71
		infor（%）	31.10	15.73	4.10	57.00
		open（%）	11.23	3.44	4.87	19.73
		aprofit（万元）	1528.23	918.88	−80.00	4288.16
		urban（%）	49.04	7.05	30.65	60.30
西部	168 = 12 × 14	*employ*（万人）	516.82	372.41	31.53	1922.68
		rate（%）	19.65	3.65	11.02	36.48
		agdp（元）	23051.21	12449.66	5052.00	69436.24
		awage（元）	33866.54	12788.75	14344.00	80203.54
		indus（%）	87.17	3.72	77.10	93.43
		infor（%）	31.14	16.12	2.80	55.00
		open（%）	11.23	7.13	1.16	41.47
		aprofit（万元）	1840.550	1242.170	−427.793	5773.320
		urba（%）	43.61	9.89	21.90	65.50

5.3 企业养老保险缴费率对全国城镇就业影响实证检验

本章首先使用 2005～2018 年全国 31 个省、自治区和直辖市（不包含港澳台地区）层面静态短面板数据对模型进行估计。在静态短面板数据模型估计中，根据截面特定效应的不同假设，面板数据模型可分为固定效应模型和随机效应模型。对于短面板数据估计方法主要有混合模型估计、固定效应估计和随机效应估计等方法，因此在进行实证分析前必须要先确定采用哪种模型进行估计才能确保估计的准确性。本章首先通过 LSDV 检验和 Breusch and Pagan LM 检验确定是选择混合效应模型或是选择个体效应模型，其次根据豪斯曼检验确定是选择固定效应模型还是随机效应模型。

5.3.1　企业养老保险缴费率对全国城镇就业影响实证模型选择

观察表5－3，通过 LSDV 检验方法检验可以得出，对于以北京为参照的其余 30 个地区虚拟变量中，绝大多数地区虚拟变量 P 值在 5% 显著性水平上显著，故可以拒绝原假设 H_0"所有地区虚拟变量都为 0"，接受认为存在个体效应的备用假设，应该选择固定效应模型而不是混合效应模型进行回归分析。

表5－3　　　　固定效应模型/混合效应模型选择 LSDV 检验

虚拟省份变量	系数	t 值	P 值	虚拟省份变量	系数	t 值	P 值
天津市	-1.0363	-11.88	0.0000	湖北省	1.5680	3.77	0.0010
河北省	1.2303	3.29	0.0030	湖南省	1.5892	3.53	0.0010
山西省	0.9422	2.12	0.0420	广东省	1.6454	7.94	0.0000
内蒙古自治区	0.36507	1.17	0.2510	广西壮族自治区	1.3914	2.86	0.0080
辽宁省	0.9762	3.54	0.0010	海南省	-0.0091	-0.02	0.9830
吉林省	0.6986	1.89	0.0680	重庆市	1.0109	2.58	0.0150
黑龙江省	1.0518	2.71	0.0110	四川省	1.9527	4.13	0.0000
上海市	-0.3081	-4.15	0.0000	贵州省	1.4640	2.20	0.0350
江苏省	1.4398	7.82	0.0000	云南省	1.5920	2.98	0.0060
浙江省	1.1093	6.32	0.0000	西藏自治区	-0.6999	-1.47	0.1530
安徽省	1.6666	3.43	0.0020	陕西省	1.1310	2.44	0.0210
福建省	0.839	3.11	0.0040	甘肃省	1.0609	1.87	0.0720
江西省	1.2848	2.70	0.0110	青海省	-0.5380	-1.08	0.2870
山东省	1.4100	5.32	0.0000	宁夏回族自治区	-0.4680	-1.01	0.3210
河南省	1.8653	4.16	0.0000	新疆维吾尔自治区	0.7926	1.97	0.0580

通过表 5 - 4 随机效应模型和混合效应模型 Breusch and Pagan LM 检验的 P 值在 5% 显著性水平上为 0.0000，因此拒绝"不存在个体随机效应"的原假设，接受应该选择随机效应模型而不是混合效应模型进行分析。

表 5 - 4   随机效应模型/混合效应模型 Breusch and Pagan LM 检验

被解释变量 = $Xb + u + e$		
估计结果:	方差	标准差
被解释变量	0.815158	0.9028607
扰动项	0.010178	0.1008859
不可观测的随机变量	0.3074068	0.5544427
检验：Var(u) = 0		
	P 值 = 0.0000	

通过 LSDV 检验和 Breusch and Pagan LM 可知个体效应模型估计明显优于混合模型估计结果，应该选择个体效应模型回归分析企业养老保险缴费率对城镇就业的影响。

在短面板模型中，对于不可观测的随机变量和模型中变量相关性不同的设定个体效应模型分为固定效应模型和随机效应模型。因此在确定了个体效应模型优于混合模型后，还要判断是使用固定效应模型还是随机效应模型。豪斯曼检验能够帮助我们确定是使用固定效应模型还是随机效应模型（如表 5 - 5 所示）。

表 5 - 5   固定效应模型/随机效应模型豪斯曼检验

检验：H_0：μ_i 与 x_{it}，z_i，不相关
卡方 (8) = $(b - B)'[(V\_b - V\_B)^{(-1)}](b - B)$
= 16.95
P 值 = 0.1055

通过表 5 - 5 固定效应模型和随机效应模型豪斯曼检验可知，豪斯曼检验 P 值在 5% 显著性水平上为 0.1055，因此接受 μ_i 与 x_{it}，z_i 不相关原假设，即接受随机效应模型要优于固定效应模型，应该采用随机效应模型研究企业养老保险缴费率对城镇就业水平的影响。

5.3.2　企业养老保险缴费率对全国城镇就业影响实证结果分析

表 5 - 6 是采用随机效应模型 MLE 估计方法对劳动需求模型进行回归的结果。表 5 - 6 第（1）列是根据柯布 - 道格拉斯生产函数理论推导出的企业养老保险缴费率、产出水平和企业职工工资水平因素对城镇就业的影响回归结果。第（2）列至第（6）列是参考实际情况在回归中逐步加入更多其他控制变量所得到的回归结果。本章在以下分析中将第（6）列的估计结果作为基本结论。

表 5 - 6　企业养老保险缴费率对城镇就业的影响：随机效应模型估计结果

解释变量	lnemploy					
	（1）	（2）	（3）	（4）	（5）	（6）
lnrate	- 0.069 （0.043）	- 0.077 * （0.042）	- 0.083 ** （0.041）	- 0.082 ** （0.0416）	- 0.082 ** （0.0416）	- 0.084 ** （0.0413）
lnagdp	1.008 *** （0.0908）	0.891 *** （0.0907）	0.969 *** （0.100）	0.958 *** （0.0999）	0.951 *** （0.1016）	0.904 *** （0.1027）
lnawage	- 5.508 *** （0.6397）	- 5.906 *** （0.6226）	- 5.016 *** （0.793）	- 5.401 *** （0.8032）	- 5.291 *** （0.8505）	- 5.891 *** （0.8760）
lnawage2	0.253 *** （0.0321）	0.271 *** （0.0312）	0.229 *** （0.0390）	0.249 *** （0.0396）	0.243 *** （0.0421）	0.271 *** （0.0431）
lnindus		1.8057 *** （0.3342）	1.7993 *** （0.3328）	1.498 *** （0.3523）	1.458 *** （0.3542）	1.385 *** （0.3534）

续表

解释变量	lnemploy					
	（1）	（2）	（3）	（4）	（5）	（6）
lninfor			- 0.052 * (0.0289)	- 0.042 (0.0290)	- 0.0427 (0.0292)	- 0.033 ** (0.0292)
lnopen				0.049 ** (0.0199)	0.0471 ** (0.0203)	0.047 ** (0.0202)
aprofit					2.86E - 06 (7.26e - 06)	6.12E - 06 (7.32e - 06)
lnurban						0.275 ** (0.1082)
constant	26.328 *** (2.9831)	21.57 *** (3.0147)	16.36 *** (4.1860)	19.38 *** (4.3366)	18.98 *** (4.4526)	22.12 *** (4.5841)
时间变量	是	是	是	是	是	是

注：*** 、** 和 * 分别表示在 1% 、5% 和 10% 的显著性水平上显著，括号内的数值是估计的稳健标准误差。

从表 5 - 6 的估计结果可以看出，企业养老保险缴费率对城镇就业水平为负向影响。这与大多数学者研究结果及本章理论预设结果相一致，但是企业养老保险缴费率水平在不同控制变量下存在显著差异。在第（1）列中，企业养老保险缴费率在只有产出水平、企业职工平均工资和企业职工平均工资的平方等控制变量条件下，在 10% 显著性水平上仍不显著。在逐渐加入其他控制变量后，企业养老保险缴费率在 5% 显著性水平上对城镇就业的影响显著为负，即表明企业养老保险缴费率对城镇就业存在显著的挤出效应。第（6）列系数估计表明企业养老保险缴费率上升 1% 将会引起城镇就业水平下降 0.084% 。从敏感性角度看，第（1）列到第（6）列的企业养老保险缴费率敏感性系数绝对值随着产业结构、互联网普及率、对外贸易比、企业平均利率水平和城镇化等变量的加入逐渐增加。根据表 5 - 6 可以看出，企业养老保险缴费率的敏感性系数绝对值从 0.069 上升到 0.084，表明随着解释变量越多，企业养老保险缴费率因素对城镇就业水平的影响程度不但没有降低反而越来越大。以 2018 年城镇就业人数为例，当企业养老保险缴费率敏感性系数绝对值为 0.069 时，企业养老保险缴费率由 19% 下降到 16%，城镇就业人数增加 90 万人。当企业养老保险缴费率敏感系数的绝对值为 0.084 时，企业养老保险缴费率由 19% 下降到 16%，企业养老保险缴费率下降 3% 使得城镇就业人数将会增加到 108 万人。

我国企业养老保险缴费率水平对城镇就业水平有显著的挤出效应，可能因为我国的最低工资规定约束了企业通过降低工资转嫁企业养老保险缴费负担的行为。由于企业不能将养老保险缴费负担完全转嫁给劳动者，导致企业劳动成本上升，迫使企业有可能采用资本替代劳动力需求数量的方式，来降低企业成本负担。根据表 5 – 6 第（6）列数据，企业养老保险缴费率增加 1%，城镇就业水平下降 0.084%，企业职工平均工资上升 1% 城镇就业水平下降 5.891% 的结论说明企业养老保险缴费水平上升 1% 会提高企业职工平均工资成本 0.4%。我国一直通过提高资本投资替代劳动力数量的需求作为促进经济增长的常用手段，2000 年我国固定资产投资 32918 亿元，2018 年固定资产投资达到 645675 亿元，年均增长率 20.4%。宋锦和李曦晨（2019）认为，投资通常通过技术进步反映出来，投资使生产过程对劳动力的技能要求降低，这会首先替代低技能劳动力，其次替代高技能劳动力，不可避免地促进了就业机会萎缩和失业率上升的问题[①]。高速的固定资产投资在一定程度上减少了对劳动力的需求。

企业养老保险缴费率对城镇就业水平的负向影响表明在现收现付的社会统筹账户模式下，降低企业养老保险缴费率从而降低企业用工劳动成本，有利于提高城镇就业水平。这一结论表明，中国应当支持目前的降低企业养老

---

① 宋锦，李曦晨. 行业投资、劳动力技能偏好于产业转型升级 [J]. 世界经济，2019（5）：145 – 167.

保险缴费率从而减轻企业负担的扩大就业的改革方向。

根据表5-6的估计结果可知，企业职工平均工资对城镇就业水平的影响在1%显著性水平上显著为负。这表明企业职工平均工资的增长不利于城镇就业水平的提高，企业职工平均工资每增长1%水平，城镇就业水平下降5.89%左右。在所有核心变量和控制变量中，企业职工平均工资对城镇就业水平影响最大。可能原因是职工平均工资的增加是劳动力成本提高的另一主要因素。工资上涨会对企业形成倒逼机制使企业主动或被动转型升级，调整资本和劳动要素投入比例，在生产过程中更多地选择价格相对较低的资本要素，从而引发技术革新。根据2015年中国企业家调查系统结果显示，人工成本上升较快的企业更倾向于更新和增加机器设备，因而在估计结果中表现为企业职工平均工资和城镇就业有显著的负向关系。

职工平均工资的平方项的估计系数在1%显著性水平上对城镇就业水平的影响显著为正，这和本章理论假设相反。理论上来说劳动供给会随着工资的上涨而增加，但是当工资上涨到一定水平后，劳动者会减少劳动时间增加闲暇时间的消费。但是工资的平方项的估计系数为正，这可能和我国虽然工资水平持续上升，消费水平也持续上涨的因素有关，从而使劳动者仍偏重于工作而不是闲暇。

产业结构在1%的显著性水平上与城镇就业存在着正向关系。具体来说，当首先加入控制变量产业结构时，产业结构的系数估计值是1.8%左右。逐步加入其他控制变量后，产业结构系数估计值逐步下降至1.4%左右。企业产业结构（即第二、第三产业产值占总产值的比例）提高1%将使城镇就业水平平均上升1.385%。这表明随着产业结构比例的提高，城镇就业水平也会提高，而且产业结构比例的提高对城镇就业的促进作用远远大于其自身提高的比例。

根据表5-6报告的模型回归结果可以看出，第（6）列系数估计值显示在5%显著性水平上，互联网普及率对城镇就业水平有显著负向影响，这表明互联网普及率不利于城镇就业水平的提高。当互联网普及率提高1%，城镇就业水平则下降0.033%。互联网普及率对城镇就业水平的负向影响，与现有大多数学者观点和本章对互联网普及率对城镇就业水平存在正向影响的预设相反。理论上来说通过网络平台可以跨越地域限制，有效地寻找合适的工作，避免由于信息不流畅问题而出现的"民工荒"和"就业难"同时存在的现象，对缓解就业压力有正向作用，而本章通过回归得出的结论是随着互联网普及率的提高城镇就业水平显著下降。互联网普及率的估计结果令人意外，应在后续的研究中值得深入探讨。

经济开放程度对城镇就业水平在5%显著性水平上有显著性的正向影响。随着其他控制变量的加入，经济开放程度系数估计值变动较小，表明经济开放程度有利于城镇就业水平的提高，且提高的水平波动较小。中国经济开放程度每提高1%，城镇就业相应提高0.047%。本章经济开放度是进口总额和出口总额之和与GDP的比值。出口扩大了国内产出水平，从而创造了更多的就业机会。进口理论上减少了国内产品生产，从而减少了部分就业机会，但是实际上随着进口，外国先进技术和管理经验也会提高我国生产效率增加产出规模进而引起对劳动力的需求的增加，表5-6回归结果表明，我国经济开放程度对城镇就业水平的正向影响表明进出口所形成的就业效应大于失业效应，所以总体上呈现对城镇就业水平的正向影响。

企业平均利润水平变量每增加一个单位对城镇就业的影响为0.0000062，完全可以忽略不计，并且这种影响并不显著，说明企业平均利润水平高低不是企业扩大劳动需求时主要考虑的因素，这和我国现实状况相一致。科技型企业并不是解决就业的主要渠道，劳动密集型企业吸纳的劳动力最多，但是一般劳动密集型企业利润水平最低。

根据表5-6第（6）列显示，城镇化率在5%显著性水平上对城镇就业水平有显著性的正向影响，表明城镇劳动力就业数量和地区城镇化率相关。地区城镇化水平越高，吸纳城镇就业人数越多，这与本章的理论预期和一些学者的研究结论相一致。城镇化率每提高1%，城镇就业人数增加0.275%。城镇化率对城镇就业水平具有推动作用的原因可能是在城镇化建设过程中城镇工业和服务业得到迅速发展，城镇化水平提高，工业和服务业水平也相应提高。城镇化本身产生的工业化和服务业聚集经济效应和辐射效应能够持续地创造就业机会，吸纳农村转入城镇的农村剩余劳动力，因而增加了就业人数。

根据表5-6第（6）列结果可知，在所有变量中，对城镇就业水平的敏感性系数绝对值由大到小依次为职工平均工资敏感性系数绝对值为5.891，占所有变量中对城镇就业水平影响程度的68%；产业结构敏感性系数绝对值为1.385，占所有变量中对城镇就业水平影响程度的16%；人均产出水平敏感系数绝对值为0.904，占所有变量中对城镇就业水平贡献度为10.5%；城镇化率敏感系数绝对值为0.275；企业养老保险缴费率敏感系数绝对值为0.084，企业养老保险缴费率的敏感系数绝对值在所有变量中对城镇就业水平影响程度大小的比重仅为1%左右；对外开放度敏感性系数绝对值为0.047；对城镇就业水平影响程度最低的是互联网普及率，敏感系数值为0.033，其对城镇就业水平贡献程度仅为0.4%左右。

5.4 企业养老保险缴费率对地区城镇就业影响实证检验

本章接下来依照国家根据经济发展和地理位置相结合的划分方法，将发展相似的省份划分在一起，将全国总样本分为东部地区、中部地区和西部地区三个子样本进行研究。东部、中部和西部地区分别包含11个省份、8个省份和12个省份从2005年至2018年共14年的长面板数据。长面板数据必须进行组间异方差、组内自相关和组间同期相关性检验后才能决定采用何种模型进行估计。因此本章在进行分地区分研究时首先对东部、中部和西部地区长面板数据进行组间异方差、组内自相关和组间同期相关性检验，确定是选择面板校正标准误估计方法还是全面 FLGS 估计方法，之后根据豪斯曼检验确定是选择固定效应模型还是随机效应模型。

5.4.1 企业养老保险缴费率对地区城镇就业影响实证模型选择

东部、中部和西部地区的样本为长面板，在进行回归分析前需要对数据进行相关性检验，查看扰动项是否存在组间异方差、组内自相关和组间同期相关之后才能确定采用何种估计方法对模型进行估计。因此本部分首先对东部、中部和西部地区进行组间异方差、组内自相关和组间同期相关检验，之后根据 Hansman 检验确定是选择固定效应还是随机效应模型进行回归（如表 5 - 7 所示）。

表 5 - 7　　　　东部、中部和西部地区异方差和相关性检验

检验方法		东部地区	中部地区	西部地区
组间异方差检验	固定效应回归模型沃尔德检验	246.82 (0.0000)	188.03 (0.0000)	307.01 (0.0000)
	截面时间序列 FGLS 回归模型沃尔德检验	246.82 (0.0000)	188.03 (0.0000)	307.01 (0.0000)
组内自相关检验	伍德里奇检验	14.765 (0.0000)	307.480 (0.0000)	3.905 (0.0438)
组间同期相关检验	pesaran 检验	-0.266 (1.2101)	1.605 (0.1084)	-0.451 (1.3483)
	弗里德曼检验	13.840 (0.1801)	21.971 (0.0026)	11.190 (0.4274)

注：固定效应回归模型沃尔德检验和截面时间序列 FGLS 回归模型沃尔德检验数值表示卡方（chi2）值，伍德里奇检验值为 F 检验值，括号内的值为在 5% 显著性水平下的 P 值。

由表 5 - 7 可知，东部、中部和西部地区的固定效应回归模型沃尔德检验和截面时间序列 FGLS 回归模型沃尔德检验 P 值在 5% 显著性水平下为 0.0000，均拒绝扰动项同方差的原假设，认为东部、中部和西部地区均存在组间异方差。东部、中部地区伍德里奇检验 P 值在 5% 显著性水平下为 0.0000，西部地区伍德里奇检验 P 值在 5% 显著性水平下为 0.0438，因此均拒绝扰动项不存在一阶组内自相关的原假设，认为东部、中部和西部地区都存在组内自相关。东部和西部地区的 pesaran 检验 P 值在 5% 显著性水平下分别为 1.2101 和 1.3483，弗里德曼检验 P 值在 5% 显著性水平下分别为 0.1801 和 0.4274，均接受扰动项无组间同期相关的原假设，认为东部和西部地区不存在组间同期相关。中部地区虽然 pesaran 检验 P 值在 5% 显著性水平下为 0.1084，接受扰动项无组间同期相关的原假设，认为不存在组间同期相关。但是弗里德曼检验 P 值在 5% 显著性水平下为 0.0026，拒绝无组间同期相关的原假设，因此认为中部地区仍存在组间同期相关。

同利用全国样本面板数据进行回归一样，在利用分区域面板数据进行回归分析之前仍然要确定是使用固定效应模型还是随机效应模型以避免采用错误模型对结果产生偏差（如表 5 - 8 所示）。

表 5 - 8 东部、中部和西部地区固定效应模型/随机效应模型豪斯曼检验

检验：H_0：μ_i 与 x_{it}，z_i，不相关	
东部地区	卡方值 = $(b-B)'[(V\_b - V\_B)^(-1)](b-B)$ = 66.30 P 值 = 0.0000
中部地区	卡方值 = $(b-B)'[(V\_b - V\_B)^(-1)](b-B)$ = 61.89 P 值 = 0.0000
西部地区	卡方值 = $(b-B)'[(V\_b - V\_B)^(-1)](b-B)$ = 1.71 P 值 = 0.9953

通过表 5 – 8 可知，经过豪斯曼检验发现，东部和中部地区豪斯曼检验 P 值在 5% 显著性水平下为 0.0000，因此拒绝 μ_i 与 x_{it}，z_i 不相关原假设，即接受固定效应模型优于随机效应模型，东部和中部地区在回归分析时应该采用固定效应模型研究企业养老保险缴费率对城镇就业水平的影响。西部地区豪斯曼检验 P 值在 5% 显著性水平下为 0.9953，因此接受 μ_i 与 x_{it}，z_i 不相关原假设，即接受随机效应模型优于固定效应模型，西部地区进行回归时应采用随机效应模型研究企业养老保险缴费率对城镇就业水平的影响。

全面 FLGS 估计方法考虑了扰动项同期组间异方差、组内自相关和组间同期相关 3 个因素，因此为了避免估计出现不一致。本部分采用全面 FLGS 估计方法对东部、中部利用固定效应模型进行回归估计，对西部地区利用随机效应模型进行回归估计。

5.4.2　企业养老保险缴费率对地区城镇就业影响实证结果分析

表 5 – 9 是对模型进行回归的结果。表 5 – 9 中第（1）列和第（2）列是东部地区控制时间趋势变量和个体变量后采用固定效应 FLGS 方法的回归结果。第（3）列和第（4）列是中部地区控制时间趋势变量和个体变量后采用固定效应 FLGS 方法的回归结果。第（5）列和第（6）列是西部地区控制时间趋势变量后采用随机效应[①] FLGS 方法的回归结果。第（1）列、第（3）列和第（5）列是根据柯布－道格拉斯生产函数导出的影响城镇就业水平的企业养老保险缴费率、产出水平和企业职工平均工资回归估计值。第（2）列、第（4）列和第（6）列是在考虑现实情况下，在回归模型中

---

① 在长面板数据模型中，包含时间变量和个体变量的是固定效应模型，只包含时间变量不包含个体变量的是随机效应模型。

加入了对城镇就业有较大影响的产业结构、互联网普及率、经济开放度、企业平均利润和城镇化率等因素后得到的回归结果。在以下分析中本部分将集中在第（2）列、第（4）列和第（6）列，并将上述三列的估计结果作为基本结论。

表 5 - 9　　　　东部、中部和西部地区企业养老保险缴费率对城镇就业的影响

变量	lnemploy					
	（1）	（2）	（3）	（4）	（5）	（6）
lnrate	- 0.049 ** (0.0205)	- 0.053 ** (0.0194)	- 0.053 (0.0392)	- 0.0235 (0.0438)	- 0.074 *** (0.0193)	- 0.100 *** (0.0239)
lnagdp	0.755 *** (0.1015)	0.5806 *** (0.1315)	1.402 *** (0.1342)	0.9861 *** (0.1613)	0.469 *** (0.0433)	0.294 *** (0.1019)
lnawage	- 3.101 *** (0.6056)	- 5.811 *** (0.7152)	- 8.994 *** (0.3188)	- 10.49 *** (2.0111)	- 4.254 *** (1.0758)	- 5.732 ** (1.8365)
lnawage2	0.1375 *** (0.0276)	0.262 *** (0.0329)	0.428 *** (0.0659)	0.500 *** (0.0994)	0.159 ** (0.0522)	0.244 ** (0.0885)
lnindus		2.061 *** (0.4534)		0.5512 (0.4816)		- 3.26 *** (0.3541)
lninfor		- 0.0157 (0.0181)		0.0842 * (0.0181)		0.107 *** (0.0294)
lnopen		- 0.114 ** (0.0261)		0.0354 * (0.0294)		0.0996 * (0.0156)
aprofit		0.0000 *** (5.05e - 06)		0.0000 ** (6.94e - 06)		0.0000 ** (5.14e - 06)
lnurban		0.262 ** (0.0328)		0.5271 *** (0.1489)		0.5823 *** (0.1532)
constant	15.918 *** (2.7281)	19.43 *** (3.6051)	40.035 *** (6.1924)	46.85 *** (3.6051)	27.69 *** (5.4219)	47.59 *** (9.124)
个体变量	是	是	是	是	否	否
时间变量	是	是	是	是	是	是

注：*** 、** 和 * 分别表示在 1% 、5% 和 10% 的显著性水平上显著，括号内的数值是估计的稳健标准误差。第（2）列中解释变量 aprofit 的系数值 0.0000 表示 0.0000172；第（4）列中解释变量 aprofit 的系数值 0.0000 表示 0.0000176；第（6）列中解释变量 aprofit 的系数值 0.0000 表示 0.0000108。

从表 5 - 9 的估计结果可以看出，企业养老保险缴费率对东部、中部和西部地区城镇就业均产生了负向影响。其中东部地区是在 5% 显著性水平上显著，西部地区是在 1% 显著性水平上显著，中部地区不显著。企业养老保险缴费率上升 1%，东部地区城镇就业水平下降 0.053%，中部地区城镇就业水平下降 0.0235%，西部地区企城镇就业水平下降 0.1%。根据表 5 - 10 结果可以看出，西部地区企业养老保险缴费率敏感性系数绝对值为 0.1，在三个地区中系数绝对值最大表明西部地区企业养老保险缴费率对城镇就业水平影响最大。以 2018 年西部地区城镇就业人数为例，2018 年西部地区 12 省份总就业人数为 8820 万人。当企业养老保险缴费率从 19% 下降到 16% 时，城镇就业人数增加 27 万人左右。东部地区企业养老保险缴费率敏感性系数绝对值为 0.053，以西部地区就业人数为衡量标准的话，东部地区企业养老保险缴费率下降 3 个百分点可以增加 15 万人左右，比西部地区少增加就业人数 12 万人左右。实际上因为东部地区就业人数基数大约为 22855 万人，降低 3 个百分点企业养老保险缴费率实际增加就业人数 36 万人。中部地区企业养老保险缴费率敏感性系数绝对值最小。以西部地区就业人数为衡量标准，中部地区企业养老保险缴费率下降 3 个百分点仅增加 6 万人左右，比西部地区少增加就业人数 21 万人左右。实际上因为中部地区就业人数为 9974 万人，降低 3 个百分点企业养老保险缴费率实际仅增加就业人数 7 万人。

表 5 - 10　　　　　　　　东部、中部和西部地区敏感性系数

解释变量	东部			中部			西部		
	敏感性系数绝对值	系数值占比（%）	排名	敏感性系数绝对值	系数值占比（%）	排名	敏感性系数绝对值	系数值占比（%）	排名
lnrate	0.0530	0.59	6	0.0235	0.18	7	0.1000	0.98	6
lnagdp	0.5806	6.52	3	0.9861	7.76	2	0.2940	2.88	4

解释变量	东部			中部			西部		
	敏感性系数绝对值	系数值占比（%）	排名	敏感性系数绝对值	系数值占比（%）	排名	敏感性系数绝对值	系数值占比（%）	排名
lnawage	5.8110	65.31	1	10.4900	82.61	1	5.7320	56.33	1
lnindus	2.0610	23.16	2	0.5512	4.34	3	3.2600	32.03	2
lninfor	0.0157	0.17	7	0.0842	0.66	5	0.1070	1.05	5
lnopen	0.1140	1.28	5	0.0354	0.27	6	0.0996	0.97	7
lnurban	0.2620	2.94	4	0.5271	4.15	4	0.5823	5.72	3

西部地区企业养老保险缴费率对城镇就业挤出效应最大可能原因是大型企业，特别是一些资源型大型企业主要集中在该地区。根据中国统计年鉴的数据，2018年西部地区国有企业占地区全部企业数1.05%左右，同期东部地区国有企业仅占东部地区企业总数的0.54%。西部地区国有企业工资调整变化受到国家政策制约不能随意调整，因此很难把高额的养老保险缴费所增加的成本转嫁给企业员工。同时国有企业无论是缴费覆盖面还是缴费基数都受到严格监管，企业无法通过其他方式逃避缴纳养老保险费，只能通过调整就业来应对养老保险缴费所带来的成本变化。根据中国统年鉴数据，2018年东部地区企业数量占全国企业总数量的61%，平均每个省份企业数量在100万个左右，西部地区企业数量占全国企业数量的比例仅为17.4%左右，平均每个省份企业数量为26万个左右。东部地区企业较多，对劳动力的需求弹性相对较小。企业主要通过调整资产劳动投入比例，增加资本投入数量，减少劳动需求量方式来降低企业缴纳养老保险所增加的成本。同时东部地区产品市场竞争激烈难以通过提高产品价格方式将缴纳养老保险增加的成本转嫁给消费者，因而只能将部分成本以低工资方式转嫁给企业员工。由此东部地区企业养老保险对城镇就业水平有负向影响，但是影响程度小于西部

地区。

中部地区企业养老保险缴费率在10%显著性水平下不显著，表明企业养老保险缴费率对城镇就业水平影响不显著。可能的原因是中部地区国有企业经济效益较差，企业自身养老保险缴纳能力不足，主要依赖财政支持。如黑龙江省2016年养老保险基金仅可够支付一个月的养老金。中部地区的私营企业主要来自承受不住东部地区较高人工成本转入的劳动密集型企业。劳动密集型企业工资已经较低，很难再将企业养老保险缴费增加的成本转嫁给劳动者，所以只能采取低报缴费基数、少报工人人数等方式逃避缴费。再者中部地区为招商引资发展地方经济，会对引入的企业实施社会保险减免的政策优惠。在各种因素的影响下，中部地区企业养老保险缴费率对城镇劳动力就业影响效应不能确定。这一估计结果应当引起注意，笔者会在后续的研究中进行深入探讨。

从表5-9的估计结果可以看出，人均产出水平估计系数为正且在1%显著性水平上都显著，表明人均产出水平增长对东部、中部和西部地区城镇就业都有明显促进作用。这与本章理论预期和经济增长促进就业理论相一致，但是人均产出水平对不同区域城镇就业水平的影响程度存在差异。人均产出水平每增加1%时，中部、东部和西部地区城镇就业人数分别增长1.986%、0.581%和0.294%左右。

企业职工平均工资对城镇就业水平有显著性的负向影响，且在所有变量中，企业职工平均工资对城镇就业水平的影响程度最大。表明企业职工平均工资对东部、中部和西部地区城镇就业有明显的抑制作用。企业职工平均工资对中部地区城镇就业影响最大，在1%显著性水平上显著。中部地区企业平均工资上涨1%，城镇就业水平下降10.49%。东部地区和西部地区企业平均工资对城镇就业影响程度相似，当企业职工平均工资上涨1%时，东部地区和西部地区城镇就业分别下降5.81%和5.73%，仅是中部地区影响程度的1/2左右。东部地区在1%水平上显著，而西部地区在5%水平上显著。

这种差异的可能原因在于东部、中部和西部地区企业盈利状况、盈利模式和成本状况不一致而显现出来的就业结果存在差别。

产业结构对东部和中部地区城镇就业产生了促进作用，对西部地区城镇就业产生了显著的抑制作用。东部地区和西部地区产业结构在 1% 水平上显著，在中部地区的影响不显著。我国东部地区第二、第三产业发展使得东部地区产业结构水平每提高 1%，城镇就业水平相应提高 2.06%。西部地区转变就业结构和产业结构之间存在一定程度的偏离，进一步造成了西部地区就业结构转变滞后导致吸纳劳动能力下降，因此在产业结构上表现为西部地区第二、第三产业比值提高 1% 时，城镇就业下降 3.26%。对中部地区可能原因是第二产业产出结构和就业结构相关性不显著，缺少第二产业的基础，第三产业发展及其吸纳剩余劳动力能力缺乏确定性①，而使得中部地区产业结构对城镇就业的影响效应不能确定。

通过表 5-9 可以了解到，中部和西部地区互联网普及率系数估计值为正，表明互联网普及率对城镇就业有促进作用。中部地区互联网普及率在 10% 显著性水平上显著，互联网普及率提高 1%，城镇就业水平提高 0.084%。西部地区互联网普及率在 1% 显著性水平上显著，西部地区互联网普及率每增加 1%，城镇就业水平显著提高 0.107%。东部地区互联网普及率对城镇就业影响不显著，且互联网普及率系数估计值为负，表明东部地区互联网普及率对城镇就业有抑制作用。对东部地区出现的互联网普及率的提高抑制城镇就业水平，本书未能找到合理的解释，在后续研究中将进行更深入探讨。

从表 5-9 估计结果看，东部地区经济开放度系数值为负，在 5% 显著性水平上显著，说明经济开放度不利于东部城镇就业水平提高。经济开放度提高 1% 东部城镇就业降低 0.114%。中部和西部地区经济开放度系数估计

---

① 陈碧琼，周茜. 我国中部地区产业结构和就业结构相关性实证分析 [J]. 科技与产业，2011 (11)：5-9.

值为正，在 10% 显著性水平上显著，表明经济开放度能够促进中部和西部地区就业水平的提高。经济开放度每提高 1% 中部和西部地区城镇就业水平分别提高 0.0354% 和 0.0996%。三个地区出现差异可能的原因是东部、中部和西部地区进出口对城镇就业影响可能存在差异。东部地区进口减少的劳动力需求大于出口增加的劳动力需求，从而导致经济开放度对东部地区就业影响为负。对中部和西部地区而言，进口和出口对城镇就业的叠加需求使得对外开放度对中部和西部地区城镇就业影响显著为正。

企业平均利润水平对东部、中部和西部地区城镇就业均产生了显著性的正向影响。东部地区是在 1% 显著性水平上显著，中部和西部地区在 5% 显著性水平上显著。但是东部、中部和西部地区系数估计值极小，表明企业平均利率水平虽然对东部、中部和西部地区就业有促进作用，但是作用可以忽略。

根据表 5-9 估计结果显示，城镇化水平的估计系数均为正。东部地区在 5% 显著性水平上显著，中部和西部地区在 1% 显著性水平上显著。表明城镇化率对三个地区城镇就业有促进作用。但东部、中部和西部地区城镇化率的就业弹性存在差异。东部地区的就业弹性最小为 0.262%，中部地区的就业弹性为 0.5271%，西部地区的就业弹性最大为 0.5823%。地区间就业弹性不同可能和地区城镇化率速度有关。东部地区平均城镇化率为 71%，中部地区为 56%，西部地区 52%。西部地区平均城镇化率增长速度为 2.9%，中部地区城镇化率增长速度 2.4%，东部地区城镇化率增长速度为 1.1%。可能由于城镇化率增长速度的差异导致东部、中部和西部地区城镇化率对城镇就业虽然都有促进作用，但是对城镇就业影响程度存在差异。

从表 5-10 可以看出，东部、中部和西部地区的职工平均工资的敏感性系数绝对值在所在地区中都是最大的，表明职工平均工资对城镇就业影响程度最大。中部地区企业职工平均工资敏感性系数绝对值占全部变量敏感性系数绝对值的 83%，表明城镇就业水平变动有 83% 是由于企业职工平均工资的变动造成的。东部地区的比例为 65%，西部地区的比例为 56% 左右。东部和西部地区产业结构的敏感性系数绝对值对城镇就业影响程度排在第 2 位，但是对城镇就业影响程度比分别是 23% 左右和 32% 左右，比平均工资的影响程度要低很多。而中部地区人均产值的敏感性系数绝对值对城镇就业水平影响仅次于平均工资水平排在第 2 位，绝对值占比为 8% 左右。敏感性系数绝对值对城镇就业影响排在第 3 位的是东部地区的人均产出水平，中部地区的产业结构，西部地区的城镇化率。东部和中部地区的敏感性系数绝对值对城镇就业水平影响排在第 4 位的是城镇化率，而西部地区则是人均产出水平。中部和西部地区互联网普及率敏感性系数绝对值对城镇就业影响在所有变量中排名第 5 位，而东部地区对外开放程度的敏感性系数绝对值为 0.114，对城镇就业的影响在所有变量中排在第 5 位。东部和西部地区的企业养老保险缴费率的敏感性系数绝对值对城镇就业影响排在第 6 位，敏感性系数绝对值占比分别为 0.6% 和 1% 左右，仅是企业职工平均工资占比的 1/60 左右。中部地区对外开放程度敏感性系数绝对值对城镇就业影响程度排在第 6 位，系数绝对值占比仅有 0.3% 左右。东部地区所有变量中敏感性系数绝对值最小的变量为互联网普及率，中部地区所有变量中敏感性系数绝对值最小的变量是企业养老保险缴费率，而西部地区则是对外开放程度敏感性系数绝对值最小为 0.918，这 3 个变量对城镇就业影响的贡献程度分别为 0.18%、0.19% 和 1% 左右。

5.5 本章小结

本章利用 2005～2018 年共 14 年 31 个省、自治区和直辖市（不包含港澳台地区）面板数据建立模型研究企业养老保险缴费率对城镇就业的挤出效应。本章首先利用柯布－道格拉斯生产函数理论推导出包含有企业养老保险缴费率、产出水平和职工工资等变量的劳动力需求方程。并在此基础上，参考现有文献研究成果，在劳动力需求方程中纳入工资的平方项、产业结构、互联网普及率、经济开放程度、企业利润水平和城镇化等反映地区和企业差异性等特征的控制变量。并将样本分为全国范围样本，东部、中部和西部地区三个子样本，分别研究企业养老保险缴费率对全国和地区城镇就业的影响。

全国范围样本、东部、中部和西部地区子样本的回归结果表明：

（1）企业养老保险缴费率对全国范围、东部、中部和西部地区城镇就业都产生抑制作用。表明提高企业养老保险缴费率会降低城镇就业水平，但是对中部地区的影响不显著。

（2）人均产出水平无论是全国范围还是东部、中部和西部地区都对城镇就业产生了显著的促进作用，都在1%显著性水平上显著。

（3）企业职工平均工资的估计系数都为负，表明提高企业工资水平所增加的成本会以减少劳动力的方式进行应对。

（4）产业结构对全国范围和东部、中部地区城镇就业产生了促进作用，但是中部地区没有通过显著性检验。西部地区产业结构对该地区的城镇就业产生了抑制作用。

（5）互联网普及率对全国和东部地区的城镇就业产生了抑制作用，且东部地区的影响不显著。互联网普及率对中部和西部地区城镇就业产生了促进作用。

（6）经济开放度能提高全国范围、中部和西部地区城镇就业水平，但是经济开放度却降低了东部地区城镇就业水平。

（7）企业平均利润水平对全国范围、东部、中部和西部地区城镇就业均有显著的正向影响，但是估计系数值较小，因此可以忽略企业平均利润水平对城镇就业的贡献。

（8）城镇化率对全国范围、东部、中部和西部地区的城镇就业都有显著的促进作用。

（9）本书通过敏感性系数发现在全国总体范围内城镇就业敏感性系数绝对值在所有变量中对就业影响程度排在第 5 位，东部和西部地区排在第 6 位，中部地区排在第 7 位。随着解释变量增多，全国范围、东部和西部地区企业养老保险缴费率对城镇就业水平的影响程度不但没有降低反而越来越大，表明企业养老保险缴费率是对城镇就业影响不容忽视的因素。地区企业养老保险缴费率敏感性系数存在差异。西部地区企业养老保险缴费率敏感性系数绝对值为 0.1，东部地区的绝对值为 0.053，中部地区的绝对值为 0.0235。当企业养老保险缴费率从 19% 下降到 16% 时，东部地区增加就业人数 36 万人，中部地区仅增加就业人数 7 万人左右，西部地区城镇增加就业人数 27 万人左右。

第6章

企业养老保险缴费率调整影响因素分析

本书第 3 章中利用世代交叠模型以个人效用最大化、企业利润最大化和社会福利最大化为出发点，在合理人口统计和参数设定下通过数值模拟显示，如果不考虑延迟退休因素，估算出企业合理的养老保险缴费率应为 9% 左右；如果考虑延迟退休因素，企业养老保险缴费率应为 6% 左右。在第 4 章和第 5 章中又研究了企业养老保险缴费率水平对城镇就业的影响。研究结果明确显示企业养老保险缴费率水平对城镇就业有明显的抑制作用，较高的企业养老保险缴费率降低了城镇就业水平。实证发现企业养老保险缴费率每增加 1% ，城镇就业水平将下降 0.084% 。

我国目前面临的就业困境是：一方面总量就业和结构性失业问题没有解决，另一方面转轨就业、青年就业和农村转移就业三大就业人群同时到来。基于社会养老保险角度，第 4 章和第 5 章研究表明降低企业养老保险缴费率是提高城镇就业水平的一种手段。方差分解结果表明降低企业养老保险缴费率不仅在短期内可以有效促进城镇就业水平的提高，从长期来看，降低企业养老保险缴费率也是提高城镇就业水平的有效手段。

目前人口老龄化对我国养老保险长期稳定运行造成了巨大冲击，养老保险基金收支缺口不断扩大。企业养老保险缴费率作为养老保险制度的核心，其下调有可能危及养老保险的财务可持续性。因此，本章在城镇职工基本养老保险基金收支平衡前提下，在社会养老保险制度内推导影响企业养老保险缴费率变动的其他变量。优化变量保障降低企业养老保险缴费率的同时保障城镇职工基本养老保险仍能平稳持续运行。通过"开源节流"方式达到既降低企业养老保险缴费率又能维持基金收支平衡，最终达到促进城镇就业水平的目标。

6.1 城镇职工养老保险统筹基金收支平衡理论

1997 年，中国政府颁布《关于建立统一的企业职工基本养老保险制度的决定》，确立了我国城镇基本养老保险制度为社会统筹和个人账户相结合的部分积累制。部分积累制是对现收现付制和基金积累制的整合，兼容近期横向收支平衡和远期纵向收支平衡的养老保险模式。养老保险基金收支平衡是我国城镇职工基本养老保险政策的重要组成部分，也是养老保险政策顺利运行的重要保障。城镇职工基本养老保险基金收支平衡是指在目标期间内在职职工养老金缴费收入与退休职工养老金发放支出的数额相等。城镇职工基本养老保险基金平衡必须保证满足以下两个条件：一是养老金发放数额能够保证退休职工基本养老生活的需要；二是在职职工的缴费负担必须在企业、职工可承受的范围之内。如果养老金发放数额过低，或者是企业的缴费负担过重，则前者不符合社会养老保险制度的保险目标，后者产生影响企业积累和发展的负面影响，这两种情况下尽管养老保险基金收支是平衡的，也不是城镇职工企业养老保险制度所要求的养老保险平衡。

中国城镇职工基本养老保险制度是统筹账户和个人账户相结合的养老保险制度。其中个人账户属于个人拥有，在财务上实行基金积累制。个人账户收支平衡是个人在工作期间缴纳的养老保险费和其退休后所得到的个人部分退休金相等。个人账户基金不具有再分配性质，故不在本章研究范围之内。

中国城镇职工的基本养老保险社会统筹账户属于全体养老保险参加者共有，在财务上实行现收现付制。该制度是以近期横向收支平衡为原则的资金支付方式。统筹账户收支平衡是指在一定时期内参加社会养老保险的企业缴纳的养老保险费和该时期内支付给退休职工的养老金是相等的。在理论上，现收现付制收支平衡是年度平衡，即当年参加城镇职工基本养老保险的企业缴纳的养老保险费总额和当年支付给参保退休职工的养老金总额是相等的。

社会养老保险统筹账户收支平衡数学公式表示如式（6-1）所示：

$$AI_t = AN_t \qquad (6-1)$$

其中，AI_t 为第 t 年的企业养老金缴费收入总额（即参保职工缴费总额），AN_t 为第 t 年的养老金支出总额。

在统筹账户中养老保险缴费收入是企业养老保险缴费率 τ 和缴费工资总额 TP 的函数，则得到式（6-2）：

$$AI_t = TP \times \tau \qquad (6-2)$$

缴费工资总额 TP 受到缴费职工缴费基数 w_t 和参加养老保险并缴纳养老保险的职工人数 L_t 的影响，则得到式（6-3）：

$$TP = W_t \times L_t \qquad (6-3)$$

而参加养老保险并缴纳养老保险费的职工人数 L_t 是劳动年龄人口数量 Y_t、人口中参加养老保险比例 F_t 和参加养老保险职工中缴纳养老保险的比例即遵缴率 J_t 的影响，则得到式（6-4）：

$$L_t = Y_t \times F_t \times J_t \qquad (6-4)$$

把式（6-3）和式（6-4）代入到式（6-2）中可得统筹账户养老保险收入方程式（6-5）：

$$AI_t = W_t \times Y_t \times F_t \times J_t \times \tau \qquad (6-5)$$

在统筹账户中养老保险基金支出是参保退休人数 OL_t 和退休后养老金水

平 V_t 函数，则得到式（6-6）：

$$AN_t = OL_t \times V_t \qquad\qquad (6-6)$$

而参保退休人数 OL_t 和老年人口数量 O_t 及老年人口中领取养老金的比例 AR_t 有关，则得到式（6-7）：

$$OL_t = O_t \times AR_t \qquad\qquad (6-7)$$

把式（6-7）代入到式（6-6）中可得统筹账户养老保险支出方程式（6-8）：

$$AN_t = V_t \times O_t \times AR_t \qquad\qquad (6-8)$$

把式（6-5）和式（6-8）代入式（6-1）中可得方程式（6-9）：

$$\tau = \frac{O_t}{Y_t} \times \frac{AR_t}{F_t} \times \frac{V_t}{W_t} \times \frac{1}{J_t} \qquad\qquad (6-9)$$

由方程式（6-9）可以看出，企业养老保险缴费率水平可以表示为老年人口抚养比 $\frac{O_t}{Y_t}$，老年人口养老保险覆盖面①和劳动年龄人口养老保险覆盖面之比 $\frac{AR_t}{F_t}$，平均养老替代率 $\frac{V_t}{W_t}$ 和遵缴率 J_t 的函数。在式（6-9）中我们可以看到，法定退休年龄可以影响老年人口数量和劳动年龄人口数量。如当推迟法定退休年龄时，退休老年人口数量减少，劳动年龄人口增多。

进一步分析可以看到，缴费工资基数又受到工资增长速度的直接影响，养老金水平受到养老金增长速度的直接影响。

则式（6-9）进一步变形可得到式（6-10）：

$$\tau = \frac{O_t}{Y_t} \times \frac{AR_t}{F_t} \times \frac{1}{J_t} \times \frac{V_{t-1}(1+f_t)}{W_{t-1}(1+k_t)} \qquad\qquad (6-10)$$

其中，f_t 为养老金增长速度，k_t 为工资增长速度。

---

① 老年人口养老保险覆盖面也可以看成是老年人口没有退休前作为劳动人口时候的养老保险覆盖面，在测算养老保险覆盖面变化时，可以把 AR_t 当作固定值处理，因为 AR_t 代表已经发生过的覆盖率，在未来变动中不会发生变化。

根据式（6-10）可以看出，企业养老保险缴费率变动受到养老保险覆盖面、老年人口、遵缴率、缴费基数、工资增长速度、社会统筹养老金调整速度和退休年龄等因素的影响。如果要降低企业养老保险缴费率水平，必须合理优化上述因素，才能保证在收支平衡基础上把企业养老保险缴费率降低到合理水平。

通过式（6-10）可以看出当企业养老保险缴费率降低时，为了保证养老保险基金收支平衡，必须进行如下选择：一是扩大养老保险覆盖面；二是扩大遵缴率；三是加快工资增长速度；四是减缓养老金增长速度；五是增加企业养老保险缴费基数；六是提高退休年龄。

为了清晰了解符号代表意义，具体情况如表6-1所示。

表6-1　　　　　　　　　　现收现付制度收支平衡符号含义

符号	含义
τ	企业养老保险缴费率
L_t	参加养老保险缴纳养老保险费职工人数
W_t	缴费职工缴费工资基数
OL_t	养老金领取者人数
V_t	平均养老金水平
Y_t	劳动年龄人口数量
F_t	人口中参加养老保险的比例
J_t	遵缴率
O_t	老年人口数量
AR_t	老年人口中领取养老金的比例
k_t	工资增长速度
f_t	养老金增长速度

6.2 影响养老保险缴费率调整因素

6.2.1 养老保险覆盖率

养老保险覆盖率是参加城镇职工基本养老保险人数和城镇就业人员的比例，在现收现付制中养老保险缴费率调整会受到养老保险覆盖面大小的影响。在养老保险覆盖面不断扩大时，养老保险基金的收入也会随之扩大，有助于解决人口老龄化对养老金收支平衡的影响，将会提高养老保险在财务上的可持续性。

1986 年我国实行劳动合同制度，建立了劳动合同制工人的养老保险制度，规定劳动合同制工人参加养老保险。1997 年，国务院《关于建立统一的企业职工基本养老保险制度的决定》中规定养老保险制度要逐步扩大到城镇所有企业的职工，城镇个体劳动者也要逐步实行基本养老保险制度。1999 年，国务院又将外商投资企业、港澳台投资企业、城镇私营企业及其职工，实行企业化管理的事业单位及其职工纳入社会养老保险体系中。2005 年，《关于完善企业职工基本养老保险制度的决定》要求城镇个体工商户和灵活就业人员都要参加企业基本养老保险。

随着一系列法律法规的出台，为扩大养老保险覆盖面提供了法律依据，中国的城镇职工基本养老覆盖面也逐渐扩大。2000 年，养老保险覆盖面为54%，到 2018 年，养老保险覆盖率增加了 16% 左右上升到 70% 左右。目前欧美发达国家养老保险保障对象是全体公民，养老保险覆盖率一般都达到90% 以上。瑞典养老保险在 20 世纪 40 年代就已实现 100% 的覆盖率，美国

在 2003 年时的养老保险覆盖率已达到 96%，并一直维持在较高水平上。同
欧美国家 90% 以上的养老保险覆盖率相比，2018 年中国城镇职工养老保险
70% 的覆盖率还处在一个较低的水平上。冼懿敏（Yovnne Sin）认为在未来
的 50 年，当中国人均收入达到 3 万美元时，养老保险覆盖率有望达到
90%[1]。"中国养老社会保险基金测算与管理"课题组认为，我国养老保险
覆盖率在中长期内可达到 90%[2]。

　　葛延风认为，覆盖率的高低体现了社会的公平程度，提高覆盖面是财务
收支长期平衡的需要[3]。低覆盖率意味着有大部分在职职工被排除在基本养
老保险制度之外，这些在职员工在退休之后将没有退休金维持基本生活。无
退休金势必会降低老年人抵御经济风险的能力，造成老年贫困的发生和社会
贫富差距的扩大。低覆盖率并不利于养老保险制度的可持续性。从理论上来
说，社会基本养老保险的参加人数越多，则当期养老保险的基金收入越多，
可利用收支余额进行有效投资来保障退休人员基本生活，减少政府财政补贴
压力。

　　目前，企业承担的缴费率已经影响企业的生产活动，随着人口老龄化的
加速，养老金支出压力增大，企业的缴费负担将更加沉重。而养老保险覆盖
面的扩大使得养老保险的资金来源更加多样化，这有利于改善保险基金的财
务状况，提高养老保险制度的可持续性。

6.2.2　老龄人口

2001 年联合国《世界人口老龄化报告（1950～2050）》将 60 岁及以上

---

① Yovnne Sin. Pension liabilities and reform options for old age insurance [R]. World Bank Working Paper, 2005 (1).

② 劳动和社会保障部中国养老社会保险基金测算课题组. 中国养老保险基金测算报告 [J]. 社会保险研究, 2001 (5): 3 - 21.

③ 葛延风. 社会保障制度中存在的突出问题 [J]. 理论参考, 2007 (4): 10 - 11.

人口占比达 10% 或 65 岁及以上人口占比达 7% 作为国家或地区进入老龄化的标准。反映老龄人口的指标有三类：反映人口老龄化程度的指标、反映人口老龄化速度的指标、反映老龄人口抚养比例的指标①。

在研究老龄人口和养老金收支及企业养老保险缴费率关系中，养老金收支平衡主要受到退休人员和在职职工数量相对变化即制度赡养比变化的影响。与退休人员和在职职工数量之比相对应的反映老龄人口的指标是 65 岁及以上退休年龄老年人口抚养比。虽然老年人口抚养比并不是制度赡养比，但是制度赡养比其实就是养老保险体系内的退休年龄老年人口抚养比，二者的变化几乎是同步的，即制度赡养比增加，65 岁及以上年龄老年人口抚养比也同步增加，反之亦然。因此在分析老龄人口对养老保险基金收支平衡及对企业养老保险缴费率的影响时，采用 65 岁及以上年龄老年人口抚养比这一指标（如图 6 - 1 所示）。

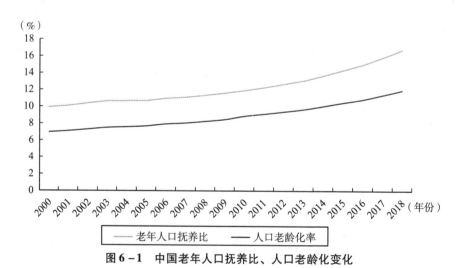

图 6 - 1　中国老年人口抚养比、人口老龄化变化

资料来源：老年抚养比和人口老龄化数据来自中国统计年鉴 2019。

---

① 邬沧萍. 老年社会学［M］. 北京：中国人民大学出版社，1999.

从图 6 – 1 可以看出，随着中国进入老龄社会，中国老龄人口抚养比一直呈上升趋势。老年人口抚养比的上升表明劳动人口的负担会越来越重。2018 年几乎是不到 3 个在职职工就需要供养 1 个退休人员。根据联合国经济和社会发展事务部发布的《2012 世界人口展望》中预测，中国未来人口老龄化速度仍高于世界平均水平，世界其他国家花费 40 年时间将老龄化从 7% 升至 14%，中国可能会在 25 ~ 26 年内达到。中国人口在较短时间内完成老龄化并不完全是社会经济发展直接影响的结果，而是由于人口政策的强烈干预，使人口转变的过程被人为提前的结果。人为干预的后果使人口老龄化提前到来，而中国养老保险在此时并未积累起足够的基金来应对人口老龄化的冲击。

穆怀中（2001）利用实证研究表明，西方国家 60 岁以上人口的比重每增加 1% 社会保障支出占 GDP 比重也会提高 1%[①]。老年人口抚养比的上升意味着老龄人口的增多，养老金支出增加，也意味着劳动人口的相对减少，其结果是养老保险缴费人数的减少。在老年人口抚养比增加的情况下，如果不考虑提高企业养老保险缴费率，则维持养老保险制度可持续性是养老保险制度几乎不可能完成的任务。提高企业缴费率会增加企业负担，而缴费率负担超过企业的承受能力时，企业会采取逃费或可能放弃参加社会养老保险，导致养老保险制度陷入恶性循环的境地。

林宝（2010）认为人口老龄化导致赡养率的提高是致使缴费率提高的因素之一。老龄人口增多，劳动年龄人口比全面下降，表明就业人口的减少，在一定的技术和资本条件下，劳动力不足会影响经济的发展，即劳动力短缺会制约经济的发展，而养老保险制度的持续发展最终依赖经济增长为其运行提供源源不断的资金，劳动力不足影响经济发展则会间接引发养老保险的支付危机[②]。

---

① 穆怀中. 老年社会保障负担系数研究［J］. 人口研究，2001（4）：19 – 23.
② 林宝. 人口老龄化对企业职工养老保险制度的影响［J］. 中国人口科学，2010（1）：84 – 92.

6.2.3　遵缴率

本书所指遵缴率是指参加城镇职工基本养老保险中缴费职工与参保职工总数之比。

理论上来说，养老保险遵缴率的高低会影响企业养老保险缴费率的高低，二者成反比关系。在其他影响因素不发生变化的情况下，当遵缴率较低时，为保证养老保险基金收支平衡，必然提高企业养老保险缴费率来避免养老保险基金出现缺口。若遵缴率较高，维持社会养老保险基金收支平衡则有较高保障，甚至会出现养老保险基金结余。为减轻企业税费负担，养老保险基金结余则为降低企业养老保险缴费率提供了可能。只要遵缴率维持在较高的水平上，企业的养老保险缴费率就可以维持在一个较低水平。

我国的遵缴率在实施社会统筹和个人账户相结合的城镇职工基本养老保险制度以来一直呈现下降趋势。2006 年，参加养老保险的在职职工有 12618 万人，到 2015 年增加到 24586.8 万人[①]，遵缴率却持续下降，从 2006 年的 90% 下降到 2015 年的 80.5%，10 年间遵缴率下降近 10 个百分点。遵缴率的降低会导致养老基金征缴的损失。以 2015 年为例，2015 年城镇职工参加养老保险人数为 24586.8 万人，参保人员中实际缴纳养老保险费的人数为 19743.2 万人，以 2015 年城镇非私营单位月平均工资 5169 元和私营单位年平均工资 3299 元的平均值 4234 元为缴费基数，则理论上养老保险基金统筹账户每月收入减少 410 亿元，全年统筹账户减少基金收入近 5000 亿元[②]。根据 2014 年人力资源和社会保障部社会保险事业管理中心的调查显示，中断缴

[①]　职工参保人数包括城镇个体工商户、灵活就业人员等以个人身份参加城镇职工基本养老保险人员。

[②]　孟昭喜，傅志明. 中国社会保险管理服务报告（2014～2015）［M］. 北京：中国劳动社会保障出版社，2016.

费人员主要是经济发达地区的非本地户籍人员，中断缴费的人员中，缴费年限较低，工资收入较低，年龄在 30 岁以下的农民工、个体工商户和灵活就业人员占大多数。农民工、个体工商户和灵活就业人口的流动性较强，一些人在多地就业过程中，由于养老保险迁移制度没有落实而未能及时或中断接续养老保险关系而被迫放弃养老保险缴费。另外，由于企业改制、重组和破产等导致大量企业职工失业，企业没有能力替企业职工缴纳养老保险费，一部分职工由于就业困难、收入水平低，没有多余资金交费只能被迫中断缴费。

遵缴率不高，本质上是缴费率过高，对企业而言，企业养老保险缴费率过高会抬高企业生产经营成本，部分企业必须依靠偷逃缴纳养老保险费才能生存，而地方政府为了就业率，不得不在养老保险缴费方面做出妥协。对于个人而言，尤其是个体工商户和灵活就业人员，较高的缴费率减少了低收入群体的实际收入，这一群体愿意参保但是无能力参保。在第 3 章中，我们通过 OLG 模型推知我国目前的企业养老保险缴费率过高，必须下调企业养老保险缴费率，随着我国人口老龄化的不断加深，下调企业养老保险缴费率会造成养老金收支逐渐扩大甚至会出现缺口。据预测，遵缴率每提高 5%，首次出现缺口的年份大约推迟 1 年，基金缺口大约减少 12%[1]。因而在养老保险缴费率下调过程中，必须提高遵缴率来增加养老保险基金收入，否则遵缴率将会成为撕裂养老保险收支平衡并进一步扩大缺口的推力。

6.2.4　缴费基数

根据国务院 1995 年颁发的《关于深化企业职工养老保险制度改革的通知》（以下简称《通知》）规定职工本人上一年度月平均工资为个人缴费工

---

[1]　刘畅. 社会保险缴费率水平的效率研究——基于天津市的实证分析 [J]. 江西财经大学学报，2007（1）：28 - 32.

资基数，月平均工资包括工资、奖金、津贴、补贴等收入。企业按职工工资总额的一定比例缴纳基本养老保险费。

理论上缴费基数应当为在岗职工平均工资。在实际养老保险费征缴中，部分企业低报缴费基数导致实际缴费基数和在岗职工平均工资严重不符。缴费基数低于在岗职工平均工资越严重，对保证基金收入和基本养老保险制度的可持续性影响越大。在其他影响因素不发生变动的情况下，如果要维持养老保险基金收支平衡，即征收相同数量的养老保险收入，缴费基数小则必须提高企业养老保险缴费率，当缴费基数提高到社会在岗职工平均工资水平，则可以相应降低企业养老保险缴费率。2005～2017 年缴费基数变化如表 6－2 所示：

表 6－2 2005～2017 年缴费基数变化

年份	基金征缴收入（亿元）	参保人员（万人）	个人平均缴费基数（元）	城镇单位就业人员工资（元）	缴费基数占平均工资比例（%）
2005	4312	13120	11737	18364	63.92
2006	5215	14131	13180	21001	62.76
2007	6494	15183	15275	24932	61.27
2008	7390	16588	15911	29229	54.44
2009	9534	17743	19191	32736	58.62
2010	11110	19402	20450	37147	55.05
2011	13956	21565	23113	42452	54.44
2012	16467	22981	25591	47593	53.77
2013	18634	24177	27526	52388	52.54
2014	20434	25531	28584	57361	49.83
2015	23016	26219	31351	63241	49.57

续表

年份	基金征缴收入（亿元）	参保人员（万人）	个人平均缴费基数（元）	城镇单位就业人员工资（元）	缴费基数占平均工资比例（%）
2016	26768	27826	34356	68993	49.80
2017	33403	29268	40761	76121	53.55

注：（1）2018 年《人力资源和社会保障事业发展统计公报》没有公布 2018 年的征缴收入，故没有使用 2018 年数据。（2）个人缴费基数计算公式为：征缴收入 = 参保人数 × 缴费基数 × 缴费率。此处缴费率为 28%，因为在人力资源和社会保障事业发展统计公报征缴收入中包括企业缴纳的部分和个人缴纳的部分。

资料来源：2005 ~ 2017 年基金征缴收入数据来源于 2005 ~ 2017 年度《人力资源和社会保障事业发展统计公报》，参保人员数据来自于 2006 ~ 2018《中国统计年鉴》，城镇单位就业人员工资来源于 2006 ~ 2018《中国统计年鉴》。

　　从表 6 - 2 可以看到我国的养老保险缴费基数与职工平均工资之比在 2005 ~ 2017 年中都保持在偏低水平上，且 2005 ~ 2017 年缴费基数与平均工资之比呈现下降趋势，从 2005 年的 64% 下降到 2015 年的 50% 左右，2016 年和 2017 年略有增长回升至 54% 左右。2005 ~ 2017 年平均养老保险缴费基数仅占职工平均工资的 55% 左右，《通知》中规定的缴费基数为上一年度月平均工资的要求相差大约 46% 左右，也就是说将近一半的工资未纳入缴费基数，《通知》同时规定了缴费基数的上下限，职工上年度本人工资超过当地职工平均工资的 300% 以上部分不计入缴费基数，职工上年度本人工资低于当地职工平均工资 60% 的按 60% 计入。缴费基数占职工平均工资的 54% 也表明一部分企业缴费基数连申报缴费下限都没达到。

　　学者认为缴费基数长期偏低主要有以下几方面原因：一是企业为了降低生产成本瞒报员工人数，只对部分员工参加养老保险，导致其员工被排挤在养老保险制度之外[1]；二是企业将岗位工资、奖金、津贴等收入未纳入职工

---

[1]　张艳萍.中国基本养老保险单位缴费基数比例探索［J］.学习与探索，2012（6）：116 - 118.

工资总额，使得职工工资收入与企业统计的缴费工资存在较大差异，形成缴费基数低于职工实际工资收入①；三是随着职工养老保险覆盖面的扩大，个体工商户和灵活就业人员参加职工养老保险时，往往选择缴费基数的下限进行缴费，在一定程度上拉低了平均缴费基数②。而西方国家由于法律监管严格，收入工资化、货币化水平较高，同时西方国家的企业缴纳的养老保险税率水平普遍较低，故其缴费基数和工资收入相差不大。

缴费基数低实质上是企业的养老保险缴费率过高所致。当无法改变过高的企业养老保险缴费率，企业则可以采用减少缴费基数方式减轻企业税费负担，舒缓企业劳动力成本加大造成企业的盈利减少或亏损。降低养老保险缴费基数影响养老保险基金收入，威胁养老保险制度持续发展。

6.2.5　工资增长速度

国际劳工组织《保护工资公约》对工资的定义是指由雇主对雇员为其已完成或将要完成的工作或服务按合同规定而支付的报酬或收入。赵怡等运用因素分析法得出养老保险基金支出增长的影响效应中，工资增长对养老保险基金支出影响的产出效应最大，在养老保险基金支出中起主导作用③。王巍等认为平均工资每增加1%，基金累计结余就会增加5%④。理论上来说养老保险待遇是职工劳动报酬的一部分，职工工资增长意味着劳动报酬增加，企业如果继续缴纳原先的养老保险费率意味着企业劳动成本的提高，企

---

①　席元香. 关于完善养老保险缴费基数的几点思考［J］. 山西财经大学学报，2002（2）：111 – 112.

②　孟昭喜，傅志明. 中国社会保险管理服务发展报告 2014 ~ 2015［M］. 北京：中国劳动社会保障出版社，2016.

③　赵怡，司文晴. 职工工资、养老金替代率与养老金支出——基于因素分析法的分解分析［J］. 社会保障研究，2015（2）：18 – 22.

④　王巍，刘宇新，王志浩，姚永志. 我国城镇职工就业、工资与养老保险的联动效应分析［J］. 中国管理科学. 2014（11）：617 – 622.

业必然要降低养老保险缴费率以减少企业成本。

工资增长率提高扩大了养老保险缴费基数。如果同时强化养老保险基金征缴，养老保险基金的收入也会增多，如果支出保持平稳则企业养老保险费率会有下降的空间。增加职工工资的经济学直觉是提高基金收入，能够降低企业缴纳的养老保险费率。然而，增加职工工资降低企业缴纳的养老保险费是有一定条件的，即企业工资增长率大于退休人员养老金增长率。

在简化的现收现付制养老金收支平衡中：

$$\tau \times L_t \times W_t = OL_t \times V_t$$

进一步交换可得：

$$\tau = \frac{OL_t}{L_t} \times \frac{V_t}{W_t}$$

其中，$\frac{OL_t}{L_t}$为制度抚养比，$\frac{V}{W_t}$为养老金替代率。

如果要降低养老保险费率，假设制度抚养比保持不变（事实上，保持制度抚养比不变是不可能的，随着中国老龄化的加速，制度抚养比只能越来越高，本书为了分析简化，假设制度抚养比不变），在收支平衡下，为了降低养老保险费率，必然要求：

$$\frac{V_t}{W_{t+1}} > \frac{V_{t+1}}{W_{t+1}} > \frac{V_t(1+f_t)}{W_t(1+k_t)}$$

即 $k_t > f_t$，也就是要求平均工资的增长速度大于平均养老金的增长速度。这一条件实际上是合理的，"因为养老金领取者已经退出劳动阶段，无论从代际公平的角度还是消费水平角度看，退休者的养老金增长速度均应该低于劳动者工资增长速度。"[①] 当工资增长率大于养老金增长率时，缴费收入的增长率大于支出的增长率，养老金结余增加或减小养老金缺口有利于降低养

---

① 林宝. 人口老龄化与城镇基本养老保险制度的可持续性［M］. 北京：中国社会科学出版社，2014.

老保险缴费率。

当人口状态趋于老龄化，工资增长率与养老金增长率相等时，养老金的收入增长速度就会小于支出增长速度，养老金积累的数额就较小，养老金累计余额的增长率速度下降。当工资增长率和养老金增长率相等一直持续时，养老金结余速度会逐渐下降，最后会出现养老金缺口，导致基本养老保险制度出现财务危机，为了维持平衡必然出现调高缴费率的压力。

与西方国家相比，我国职工的工资水平还比较低，这使得我国养老保险基金收入受到极大限制。只有加快工资制度改革、提高职工工资收入，使养老金增长率低于职工工资增长率，才能够为养老保险缴费率下调提供空间，也才能够增强基本养老保险制度可持续性。

6.2.6　基础养老金调整水平

养老金调整就是依照一定的指数对养老金进行调整，保证退休人员的生活水平不降低。企业养老保险缴费率的调整和养老金增长水平关系密切。当养老金增长水平越高（不考虑工资增长水平），养老金支出就会越大，要求养老金缴费率也就越高，会对社会养老保险财务的可持续性产生不利影响。

在养老保险体制中，对养老保险金进行调整的主要原因是通货膨胀和分享社会劳动成果这两大原因。第一，通货膨胀使得退休人员养老金实际购买力下降，为保障退休人员的生活水平不因通货膨胀而下降，必须增加退休人员的养老金水平，否则退休人员的购买力会越来越弱，无法维持最基本的生活，使养老保险制度失去存在的意义。第二，对养老保险金进行调整能够让老年人分享社会经济发展成果。国民收入的初次分配是在物质生产部门之间进行分配：以税金形式上缴国家；企业以基金形式自留；以工资形式分配给企业职工。由于退休人员已退出劳动市场，无法参与经济发展成果的初次分配，通过提高养老保险金的水平让退休人员参与社会的再分配可以分享社会经济发展成果。

养老金调整是以指数化方式进行的。养老金指数化常用物价指数、生活费用指数和工资指数等作为依据进行调整①。我国企业退休人员养老金待遇水平从 2005 年起到 2019 年连续 15 年调整。但是在实际操作中，养老金增长水平并未与工资指数调整机制建立联动机制。在 2006 年劳动保障部《关于调整企业退休人员基本养老金的通知》中规定："2005 年、2006 年、2007 年分别以上年企业退休人员月人均基本养老金为基数，按照上年企业在职工平均工资增长率的一定比例进行调整。"其中 2005 年增长为 2004 年在职工平均工资增长率的 60% 左右，2006 年为 2005 年在职工平均工资增长率的 100% 左右，2007 年为 2006 年在职工平均工资增长率的 70% 左右。从 2008 年起至 2015 年，《关于调整企业退休人员基本养老金的通知》中规定调整水平按照上一年度企业退休人员月人均基本养老金的 10% 左右确定。2016 年调整水平为上一年度企业退休人员月人均基本养老金的 6.5%，2017 ~ 2018 年为 5.5% 左右。从国家出台的关于调整企业退休人员基本养老金的文件中可以明确看出，我国的养老金并未按照工资增长的一定比例调整。养老金调整机制没有通过盯住社会平均工资进行自动调整，而是通过行政手段人为规定养老金的调整标准。我国这些年养老金的上调"是为了缓解外来压力，缩小机关事业单位和企业退休人员的退休待遇差距"②，是一种临时性缓解经济压力和社会矛盾的手段。

因此，养老金调整机制需要进一步完善，使其更具合理性，真正建立与工资水平相挂钩的调整机制，进一步强化"多工作，多缴费，多得养老金"的激励机制。

---

① 林宝.人口老龄化与城镇基本养老保险制度的可持续性〔M〕.北京：中国社会科学出版社，2014.

② 耿晋娟.中国基本养老保险高缴费低水平悖论分析〔J〕.中国人力资源开发，2014（3）：98 – 105.

6.2.7 退休年龄

退休年龄一般是指在职职工在工作达到国家立法确定的某一年龄后，退出劳动关系和工作关系，并依法律规定享受退休待遇的年龄界限。在世界范围内退休年龄一般有一定的强制性和固定性，并有专门的法律条款来确定。

退休年龄从收入和支出两个方面影响养老保险基金的收支平衡。如果退休年龄规定较低，相应的工作年限减少，则养老金的收入减少而领取养老金的退休人员增多，必然有压力维持较高的缴费率来弥补因退休年龄低带来的资金缺口。若退休年龄较高，相应的工作年限增加，在职职工人数增多，意味着缴费者数量多，养老金收入增加，领取养老金人数相对减少，养老金收支在此状态下有可能有收支盈余，则有下调企业养老保险缴费率的可能性。

在本书中使用老年人口抚养比这一指标反映退休年龄对养老保险基金收支平衡的影响，进而对企业养老保险缴费率的影响。退休年龄的变动可以影响劳动年龄人口和老年人口的数量，进而影响老年人口抚养比。延迟退休年龄可以增加劳动年龄人口，减少退休人群数量，从而降低人口抚养比，减轻劳动年龄人口抚养退休人员的压力。推迟退休年龄客观上增加了劳动年龄人口总的劳动时间，增加了养老保险金的收入，减少了退休职工被赡养的年限，降低了养老保险金的支出水平，从而保障养老保险基金的持续运行能力。以2015年为例，2015年城镇企业新增退休人员523万人，如果延迟一年退休，则在职员工将增加523万人，按2015年平均缴费基数31351元计算，延迟一年退休社会统筹账户可增加328亿元，按2015年城镇退休人员平均工资2240元计算，可减少支出1400亿元，提高退休年龄有效地改善了养老保险基金收支平衡状况。

国际上各国都将采用延长退休时间作为应对人口老龄化、养老基金收支失衡、维持养老保险制度可持续的重要方式和手段。欧洲发达国家的退休年龄均在 60 岁以上。丹麦、德国、挪威的退休年龄为 67 岁，英国、法国、荷兰等国的退休年龄为 65 岁。英国政府在 2013 年的《秋季预算报告》中计划到 2030 年左右将退休年龄推迟至 68 岁，2040 年左右退休年龄推迟至 69 岁。美国在 2000 年开始把退休年龄从 65 岁提高到 67 岁。日本也于 2001 年开始提高退休年龄，从 2001 年的 60 岁提高至 65 岁。我国目前的退休制度和我国整体人口结构的变化及工作和退休年限相应变化的不协调造成社会养老压力加大，为了缓解养老金收支失衡的状况，推迟退休是必然趋势。

6.3　企业养老保险缴费率调整影响因素数值模拟

6.3.1　影响机理分析

从式（6.10）中可以看出，缴费率可以表示为退休年龄老年人口抚养比 $\frac{O_t}{Y_t}$、老年人口养老保险覆盖面 AR_t、劳动年龄养老保险覆盖面 F_t、养老保险遵缴率 J_t、养老金增长率 f_t 和在职职工工资增长率 k_t 的函数。其中老年人口养老保险覆盖面是指已到退休年龄的人口在其工作时期参加养老保险的比例，这一指标是已知数值，其大小虽然可以影响养老保险缴费率，但是无法更改。故本节探讨影响养老保险缴费率变动的因素中将不再考虑该因素的影响。

由上述公式可知，退休年龄老年人口抚养比的上升意味着退休年龄老年人口增长速度快于劳动年龄人口增长速度，势必会减少养老保险基金收入，增加养老保险金的支出水平，必然要提高养老保险的缴费率。如果提高退休年龄，即使人口总量不发生变化，提高退休年龄也会增加劳动年龄人口，减少退休年龄人口数量，从而降低退休年龄老年人口抚养比，直接增加养老保险基金收入，减少养老保险支出，改善养老金收支状况，为养老金缴费率的下调提供空间。

随着更多类型劳动者加入养老保险，养老保险覆盖率会随之增加。养老保险覆盖面的扩大可以有效地增加缴费人数，有助于改善养老保险的收入状况，给下调企业养老保险缴费率带来空间。其下调的幅度受到养老保险覆盖面增长幅度大小的影响。当覆盖面增长降低时，养老保险缴费率下调幅度也会减少。提高遵缴率则是提高实际缴费人数占应缴费人数的比例，实际缴费人数增加，有助于养老保险基金收入增长，同养老保险覆盖面扩大一样，会给养老保险缴费率的下调带来空间。

养老金增长水平是阻碍养老金缴费率下降的一个重要因素。由于养老金增长的刚性，养老金增长水平一般不会出现负增长的状况，因而养老金增长水平只有高低两种选择。当养老金增长率越高，要求的养老保险缴费率也就越高。本书通过调整养老金指数化方法来实现养老金的增长。在职职工工资增长率是影响养老保险缴费率下调的一个重要因素，但同养老金增长率对养老保险缴费率影响相反，在职职工工资增长率越高其缴费基数也越大，当工资增长率高于养老金增长率时，则可以降低人口老龄化对养老保险财务收支平衡的影响，有利于养老保险缴费率的下调。

6.3.2 企业养老保险缴费率调整影响因素模拟分析

为了进一步分析影响企业养老保险缴费率下调因素对养老保险缴费率下调的影响程度，根据式（6-10）可进一步推导出式（6-11）：

$$\tau_{t+1} = \frac{O_{t+1}}{Y_{t+1}} \times \frac{AR_{t+1}}{F_{t+1}} \times \frac{1}{J_{t+1}} \times \frac{V_t(1+f_{t+1})}{W_t(1+k_{t+1})} \qquad (6-11)$$

用式（6-11）去除式（6-10）后在方程式两边再各减去1得式（6-12）：

$$\frac{\tau_{t+1}}{\tau_t} - 1 = \frac{\dfrac{O_{t+1}}{Y_{t+1}} \times \dfrac{AR_{t+1}}{F_{t+1}} \times \dfrac{1}{J_{t+1}} \times \dfrac{V_t(1+f_{t+1})}{W_t(1+k_{t+1})}}{\dfrac{O_t}{Y_t} \times \dfrac{AR_t}{F_t} \times \dfrac{1}{J_t} \times \dfrac{V_{t-1}(1+f_t)}{W_{t-1}(1+k_t)}} - 1 \qquad (6-12)$$

将式（6-12）进一步变形为式（6-13）：

$$\frac{\tau_{t+1} - \tau_t}{\tau_t} = \left(\frac{\dfrac{O_{t+1}}{Y_{t+1}}}{\dfrac{O_t}{Y_t}} \times \frac{\dfrac{AR_{t+1}}{F_{t+1}}}{\dfrac{AR_t}{F_t}} \times \frac{J_t}{J_{t+1}} \times \frac{V_t(1+f_{t+1})}{V_{t-1}(1+f_t)} \times \frac{W_{t-1}(1+k_t)}{W_t(1+k_{t+1})} \right) - 1$$

$$(6-13)$$

式（6-13）的左边为 $\dfrac{\tau_{t+1} - \tau_t}{\tau_t}$，即每年的企业养老保险缴费增长率。当 $\dfrac{\tau_{t+1} - \tau_t}{\tau_t} > 0$ 时表示第 $t+1$ 年企业养老保险缴费率大于第 t 年养老保险缴费率，其数值越大，养老保险缴费率上涨幅度越大。当 $\dfrac{\tau_{t+1} - \tau_t}{\tau_t} < 0$ 时，表示第 $t+1$ 年企业养老保险缴费率小于第 t 年企业养老保险缴费率，其数值越小说明第 $t+1$ 年养老保险缴费率下降幅度越大。当 $\dfrac{\tau_{t+1} - \tau_t}{\tau_t} = 0$ 时，表示第 $t+1$ 年养老保险缴费率等于第 t 年养老保险缴费率，企业养老保险费率没有发生变化。

式（6-13）的右边 $\dfrac{\dfrac{O_{t+1}}{Y_{t+1}}}{\dfrac{O_t}{Y_t}} > 1$ 表示第 $t+1$ 年退休年龄老年抚养比增加，

$\dfrac{\dfrac{O_{t+1}}{Y_{t+1}}}{\dfrac{O_t}{Y_t}} < 1$ 表示第 $t+1$ 年退休年龄老年抚养比降低，$\dfrac{\dfrac{O_{t+1}}{Y_{t+1}}}{\dfrac{O_t}{Y_t}} = 1$ 表示第 $t+1$ 年退

休年龄老年抚养比没发生变化。$\dfrac{\frac{AR_{t+1}}{F_{t+1}}}{\frac{AR_t}{F_t}} > 1$ 表示第 $t+1$ 年养老保险覆盖率降

低，$\dfrac{\frac{AR_{t+1}}{F_{t+1}}}{\frac{AR_t}{F_t}} < 1$ 表示第 $t+1$ 年养老保险覆盖率提高，$\dfrac{\frac{AR_{t+1}}{F_{t+1}}}{\frac{AR_t}{F_t}} = 1$ 表示第 $t+1$ 年

养老保险覆盖率没有发生变化。$\dfrac{J_t}{J_{+1}}$ 大于 1、小于 1 和等于 1 分别表示第 $t+1$ 年遵缴率降低、增加和没有发生变化。

本书以企业养老保险缴费率未做调整前的 2015 年各影响因素数据为基础计算各因素不同变动程度分别对企业养老保险缴费率增长率的影响程度，并假设 2015 年企业养老保险缴费率为 20% 时，进一步计算各因素不同变动程度，分别导致养老保险缴费率上涨或下降的水平。

（1）退休年龄老年抚养比、养老保险覆盖率、养老保险遵缴率、缴费基数、工资增长率与企业养老保险缴费率。

2015 年退休年龄老年人口抚养比为 29.3%，养老保险覆盖率为 69.7%，遵缴率为 80.3%，缴费基数为 2612 元，假设以上这些影响企业养老保险缴费率上涨或降低因素分别下降 1% 和上升 1% 的情况下，企业养老保险缴费率变动状况。

在其他影响因素不发生变动情况下，当 2016 年退休年龄老年抚养比下降

1% 时为 28.3%，此时 $\dfrac{\frac{O_{2016}}{Y_{2016}}}{\frac{O_{2015}}{Y_{2015}}} = 0.965$，养老保险增长率 $\dfrac{\tau_{2016} - \tau_{2015}}{\tau_{2015}} = -0.034$，企

业养老保险缴费率 2016 年则可下降至 19.3%，养老保险缴费率降低了 0.7%。

如果抚养比上升 1%，则 2016 年的老年抚养比为 30.3%，此时 $\dfrac{\dfrac{O_{2016}}{Y_{2016}}}{\dfrac{O_{2015}}{Y_{2015}}} = 1.034$，

养老保险增长率 $\dfrac{\tau_{2016} - \tau_{2015}}{\tau_{2015}} = 0.034$，则养老保险缴费率上升 0.7% 至 20.7%。

同理，在其他影响因素不变情况下，养老保险覆盖率下降和增加 1% 时缴费率增长率分别上升和下降 1.4%，养老保险缴费率上升和下降 0.3%。遵缴率下降时，缴费率增长率上升 1.3%，养老保险缴费率上升 0.3% 达到 20.3%。遵缴率增加 1% 时，缴费率增长率降低 1.3%，养老保险缴费率下降至 19.7%。缴费基数和工资增长率都降低和增加 1% 时，养老保险缴费率增长率分别上升 1% 左右和下降 0.9% 左右，养老保险缴费上升和下降 0.2 个百分点左右。

在以上这些因素中，退休年龄、老年人口抚养比的变动对养老保险缴费率影响最大，每变动 1% 时，养老保险缴费率变动 0.7%，其次为养老保险覆盖率和遵缴率，每变动 1% 养老保险缴费率变动 0.3% 左右，最后是缴费基数和工资增长率变动的影响，每变动 1% 降低或增加养老保险缴费率 0.2% 左右。

（2）缴费工资基数、养老金调整系数与企业养老保险缴费率。

我国企业退休人员养老金待遇水平虽连续 12 年进行调整，但是调整是依据上一年度退休人员养老金水平，因而并未形成养老金调整与工资水平相挂钩的调整机制。本书建议养老金调整系数为工资增长率的一定比例。

根据式（6-9），假设其他因素不发生变动可得：

$$\frac{\tau_{t+1} - \tau_t}{\tau_t} = \frac{V_t(1+f_{t+1})}{V_{t-1}(1+f_t)} - 1$$

其中 $V_t = V_{t-1}(1+f_t)$，则可得 $\dfrac{\tau_{t+1} - \tau_t}{\tau_t} = f_{t+1}$。

假设工资增长率为 1，当养老金调整系数为工资增长率的 10% 时，养老保险缴费率增长率为 10%，企业养老保险缴费率上升至 22%；当养老保险金调整系数为工资增长率的 50% 时，养老金缴费率增长率为 50%，企业养老保险缴费率上升至 30%；当养老金增长率和工资增长率相同时，养老金缴费率、增长率为 100%，基础养老金缴费率需上涨至 40% 才能维持养老保险收支平衡。

（3）退休年龄与企业养老保险缴费率。

在 6.2 节中提到使用退休年龄老年人口抚养比这一指标反映退休年龄变动对企业养老保险缴费率的影响。

根据 2015 年《中国统计年鉴》1% 人口抽样调查样本数据估算女性 55 岁至 64 岁、男性 60 岁至 64 岁人口占总人口的比重，估算出 55 岁至 64 岁女性人口为 7698 万人、60 岁至 64 岁男性人口数量 3904 万人。再根据 2016 年《中国统计年鉴》可知，65 岁以上人口 14386 万人，假设人口分布是平均分布，则根据 2015 年城镇人口占总人口的比重 56.1%，估算出城镇达到退休年龄人口数量为 14579 万人。同样，计算出城镇劳动年龄人口数量（女性到 55 岁，男性到 60 岁）为 49794 万人，退休年龄老年人口抚养比为 29.3%。2015 年，城镇新增退休人员 523 万人。假设每 1 年延迟 1 岁退休年龄，则 2015 年有 523 万人延迟退休，其抚养比为 27.9%；如每 2 年延迟 1 岁退休年龄，则 2015 年有 262 万人延迟退休，其抚养比为 28.6%；如果每 3 年延迟 1 岁退休年龄，则 2015 年有 174 万人延迟退休，其抚养比为 28.8%。当每 1 年延迟 1 岁退休年龄，企业养老保险缴费率可下降 1%～19%；每 2 年延迟 1 岁退休年龄时，企业养老保险缴费率可下降 0.5%～19.5%；每 3 年延迟 1 岁退休年龄，企业养老保险缴费率可下降 0.3%～19.7%。

6.4 本 章 小 结

　　本章基于城镇职工养老保险统筹基金收支平衡理论推导影响企业养老保险缴费率变化的制度内因素：退休年龄老年人口抚养比、养老保险覆盖面、遵缴率、缴费基数、工资增长率、养老金增长速度和退休年龄。这些因素是影响未来养老保险缴费率调整的主要因素。

　　养老保险覆盖率是参加城镇职工基本养老人数和城镇就业人员的比例，在现收现付制中养老保险缴费率调整会受到养老保险覆盖面大小的影响。在养老保险覆盖面不断扩大时，养老保险基金的收入也会随之扩大，将有助于解决人口老龄化对养老金收支平衡的影响，提高养老保险在财务上的可持续性。

　　老年人口抚养比的上升，意味着老龄人口的增多、养老金支出增加，也意味着劳动人口的相对减少，其结果是养老保险缴费人数的减少，在不考虑提高企业养老保险缴费率的情况下，保证社会养老保险制度可持续性是养老保险制度几乎不可能完成的任务。提高缴费率则增加在职人员的负担，而缴费率负担超过在职人员的承受能力的情况时，在职人员可能放弃参加，养老保险制度会陷入恶性循环的境地。

　　理论上来说，养老保险遵缴率的高低会影响企业养老保险缴费率的高低，二者成反比关系。在其他影响因素不发生变化的情况下，当遵缴率较低时，为保证养老保险基金收支平衡，必然提高企业养老保险缴费率来避免养老保险基金出现缺口。如若遵缴率较高，维持社会养老保险基金收支平衡则有较高保障，甚至会出现养老保险基金结余，为减轻企业税费负担，则可以降低企业养老保险缴费率。

缴费基数低于在岗职工平均工资越严重，对保证基金收入和基本养老保险制度的可持续性影响越大。在其他影响因素不发生变动的情况下，如果要维持养老保险基金收支平衡，即征收相同数量的养老保险收入，缴费基数小则必须提高企业养老保险缴费率，当缴费基数提高到社会在岗职工平均工资水平，则可以相应降低企业养老保险缴费率。

当人口趋于老龄化，工资增长率与养老金增长率相等时，养老金的收入增长速度就会小于支出增长速度，养老金积累的数额就较小，养老金累计余额的增长率速度下降。当工资增长率和养老金增长率相等一直持续时，养老金结余速度会逐渐下降，最后会出现养老金缺口，导致基本养老保险制度出现财务危机，为了维持平衡必然出现调高缴费率的压力。

养老金调整就是依照一定的指数对养老金进行调整，保证退休人员的生活水平不降低。企业养老保险缴费率的调整和养老金增长水平关系密切。当养老金增长水平较高（不考虑工资增长水平），养老金支出就会越大，要求养老金缴费率也就越高，对养老金财务的可持续性产生不利影响。

退休年龄从收入和支出两个方面影响养老保险基金的收支平衡。如果退休年龄规定较低，相应的工作年限减少，则养老金的收入减少而领取养老金的退休人员增多，必然需要维持较高的缴费率来弥补因退休年龄低带来的资金缺口。若退休年龄较高，相应的工作年限增加，在职职工人数增多，意味着缴费者数量多，养老金收入增加领取养老金人数相对减少，养老金收支在此状态下有可能有收支盈余，则有下调企业养老保险缴费率的可能性，以减轻企业负担。

本章通过各影响因素数据变动模拟对养老保险缴费率的影响，退休年龄老年抚养比上升1%，企业养老保险缴费率上升0.7%，养老保险覆盖率上升1%，企业养老保险缴费率下降0.3%，遵缴率和缴费工资基数和工资增长率上升1%，企业养老保险缴费率下降0.2%。当养老金调整系数为工资增长率的10%时，养老保险缴费率增加2%，当养老金调整系数和工资增长率相同时，养老保险缴费率增加 20%，达到了 40%。对于延迟退休年龄，每 1 年延迟 1 岁，企业养老保险缴费率下降 1%，3 年延迟 1 岁退休，企业养老保险缴费率下降 0.3%。

通过本章对影响养老保险缴费率各因素的定性和定量分析，如果降低养老保险缴费率，必须实施影响因素的参数优化政策，合理安排各影响因素参数调整速度，以渐进的方式促进企业养老保险缴费率的下调，减轻企业的税费负担，增强企业的盈利能力。

第 7 章
结论及对策建议

企业养老保险缴费率对城镇就业水平的影响依赖于企业生产成本的高低。过高的企业养老保险缴费导致的企业生产成本过高，且不能有效地以低工资方式转嫁到员工身上，必然引起劳动力需求人数的减少。合理的企业养老保险缴费率为降低生产成本，增加劳动力需求提供了新的思路和手段。本书以最优企业养老保险缴费率出发，研究企业养老保险缴费率对城镇就业的影响，并根据地区发展差异，分东部、中部和西部地区探讨企业养老保险缴费率对地区就业的影响。最后基于养老保险收支平衡原则，分析影响养老保险缴费率调整的因素路径，为我国缓解就业压力提供了思路和建议。

7.1　主　要　结　论

7.1.1　中国企业养老保险缴费率远高于合理的费率水平

本书通过建立一般均衡世代交叠模型，从个人福利最大化、企业利润最大化和政府提供社会福利最大化三个方面入手，推导出企业养老保险缴费率水平模型，在合理的人口统计和参数设定下，数值模拟结果显示企业养老保险缴费率水平随着人口增长率的下降而上升，随着退休年龄的推迟而下降。退休年龄延迟导致企业养老保险缴费水平下降效应小于人口增长率下降导致企业养老保险缴费水平上升的效应。在不考虑延迟退休因素时，企业养老保险缴费率为 9% 左右，在考虑延迟退休因素后，企业养老保险缴费率为 6% 左右。我国虽然在 2019 年将企业养老保险缴费率降至 16% 水平，但是仍比合理的企业养老保险缴费率水平高出 7~10 个百分点，也比目前一些西方国家的企业养老保险税率要高出很多。根据 2019 年经济合作与发展组织（OECD）数据，高福利国家如瑞典企业养老保险水平为 10.2%，挪威企业养老保险水平为 10.5%，英国企业养老保险水平为 12.8%，都低于中国企业缴纳的养老保险费比例。

7.1.2　养老保险缴费率对城镇就业存在单向关系影响，且不同地区对城镇就业水平影响存在差异

城镇就业水平和企业养老保险缴费水平之间存在单向关系，即当城镇就业水平作为因变量时，滞后 1 期的城镇就业水平和滞后 1 期的企业养老保险缴费率水平对城镇就业水平产生显著影响。当企业养老保险缴费率水平作为因变量时，滞后 1 期的企业养老保险缴费率水平对企业养老保险缴费率产生显著影响，而滞后 1 期的城镇就业水平对企业养老保险缴费率水平不产生作用。通过脉冲响应分析可以看出，中部地区城镇就业水平受到其养老保险缴费率一个标准差冲击的影响程度最大，且影响速度要快于东部和西部地区，而东部地区城镇就业水平受到企业养老保险缴费率冲击效应无论从影响程度还是影响速度上均最低。从方差分解可以了解到，无论在全国范围内还是分区域，企业养老保险缴费率水平短期和长期对城镇就业水平的贡献都较大，

养老保险缴费率水平对城镇就业水平的短期影响力度要大于长期。中部地区企业养老保险缴费率对地区城镇就业的贡献比最大超过40%，西部地区企业养老保险缴费率对地区城镇就业的贡献比也达到了30%，东部地区的贡献比例为18%。

7.1.3 我国企业养老保险缴费率水平对城镇就业水平有显著的挤出效应

因为我国的最低工资规定约束了企业通过降低工资转嫁企业养老保险缴费负担的行为，企业不能将养老保险缴费负担完全转嫁给劳动者，导致企业劳动成本上升，迫使企业有可能采用资本替代劳动力需求数量方式来降低企业成本负担。根据模型回归结果，企业养老保险缴费率增加1%，城镇就业水平下降0.084%。企业采用资本替代劳动，通常通过技术进步反映出来，资本投资使生产过程对劳动力的技能要求降低，这会首先替代低技能劳动力，其次替代高技能劳动力，不可避免地促进了就业机会萎缩和失业率的上升。

7.1.4 企业养老保险缴费率对地区城镇就业水平存在区域差异性影响

企业养老保险缴费率对东部、中部和西部地区城镇就业均产生了负向影响。其中，东部地区在5%显著性水平上显著，西部地区在1%显著性水平上显著，中部地区不显著。企业养老保险缴费率对中部地区城镇就业挤出效应最小，企业养老保险缴费率每增加1%，城镇就业水平下降0.0235%；对东部地区城镇就业有挤出效应，企业养老保险缴费率上升1%，东部地区城镇就业水平下降0.053%；对西部地区城镇就业挤出效应最大，养老保险缴费率提高1%，城镇就业水平下降0.1%。

7.1.5 非企业养老保险缴费率因素对城镇就业水平也存在不同程度的影响

人均产出水平和城镇化率无论在全国范围还是东部、中部和西部地区都对城镇就业产生了显著的促进作用。企业职工平均工资在全国范围和东部、中部及西部地区对城镇就业都产生了抑制作用。产业结构对全国范围、东部和中部地区城镇就业产生了促进作用，对西部地区的城镇就业产生了抑制作用。互联网普及率对全国范围和东部地区的城镇就业产生抑制作用，而对中部和西部地区城镇就业产生促进作用。经济开放度能提高全国范围、中部和西部地区城镇就业水平，但是经济开放度却降低了东部地区城镇就业水平。

7.1.6 降低企业养老保险缴费率必须和其他制度参数联动是保证降低养老保险缴费率的有效手段

根据养老保险统筹账户收支平衡可以导出企业养老保险缴费率：

$$\tau = \frac{OL_t}{O_t} \times \frac{AR_t}{COV_t} \times \frac{1}{COM_t} \times \frac{V_{t-1}}{W_{t-1}} \times \frac{(1+f_t)}{(1+k_t)}$$

从公式赋值模拟可以得出，退休年龄老年抚养比上升1%，企业养老保险缴费率上升0.7%，养老保险覆盖率上升1%，企业养老保险缴费率下降0.3%，遵缴率、缴费工资基数和工资增长率上升1%，企业养老保险缴费率下降0.2%。当养老金调整系数为工资增长率的10%时，养老保险缴费率增加2%，当养老金调整系数和工资增长率相同时，养老保险缴费率增加20%，达到了40%。对于延迟退休年龄，每1年延迟1岁，企业养老保险缴费率下降 1%，每 3 年延迟 1 岁退休，企业养老保险缴费率下降 0.3%。在养老保险基金收支平衡条件下，企业养老保险缴费率下调是系统性工程，成效也取决于影响因素的有效整合，国家需要实施影响养老保险缴费率调整的制度因素的参数优化政策，合理安排影响因素参数的调整速度，以渐进的方式促进企业养老保险缴费率的下调。

7.2 对策建议

7.2.1 在保持养老保险收支平衡基础上降低企业社会保险缴费率

本书的研究显示我国企业合理的养老保险缴费率水平在 6% ~9% 范围内，目前 16% 的企业法定养老保险缴费率仍有较大的下调空间。过高的企业养老保险缴费率一方面导致制度对企业的吸引力严重不足，成为产生企业逃费现象的首要原因；另一方面这种高缴费又在实质上降低了企业的劳动力需求。企业养老保险缴费率的下调可以采用渐进式而非一次性的方式下调。景鹏等（2017）根据设计的延迟退休年龄方案将缴费率下调路径划分四个阶段（2018 ~2021 年、2022 ~2031 年、2032 ~2041 年、2042 ~2050 年），第一阶段缴费率下调 1 个百分点达到 18%，其他三个阶段均以 2 个百分点的幅度下调，2042 年及以后缴费率降至 12%[①]。柳清瑞

[①] 景鹏，胡秋月. 企业职工基本养老保险统筹账户缴费率潜在下调空间研究 [J]. 中国人口科学，2017（1）：21 – 33，126.

（2013）将企业缴纳的养老保险费率调整分为三个阶段完成：第一阶段在2013~2020年将企业缴费率下调为18%；第二阶段在2021~2035年将企业养老保险费率下调到17%；第三阶段在2036~2050年将企业养老保险费率下调到15%[①]。以上下调企业养老保险费率虽然和我国目前实际情况不符，但是其调整的思路可供借鉴，即缓慢下调，以谨慎对待费率降低可能引致的负面效应。

7.2.2　增强地区企业养老保险缴费率下调灵活性以体现就业挤出效应差异

针对东部、中部和西部地区企业养老保险缴费率水平对城镇就业影响存在的差异，企业养老保险缴费率的下调要具有灵活性以充分体现这种差异。西部地区企业养老保险缴费率对城镇就业挤出效应最大，因此在政策上要更关注西部地区企业养老保险缴费率水平的下调。西部地区企业养老保险缴费率下调速度可以快于东部和中部地区，以减轻西部地区企业较高的养老保险缴费率水平，达到在短期内提高城镇就业目标。由于西部地区养老金缺口较大，在加快降低企业养老保险缴费率水平时必须健全和完善财政补贴机制，强化西部地区养老保险基金的收支平衡，并在"一带一路"和西部开发的政策下，以短期增大的财政补贴换取增强西部企业的竞争能力和生产活力，扩大城镇就业水平，为社会养老保险长久发展奠定基础。而中部地区企业养老保险缴费水平对城镇就业的挤出效应不明显，因此中部地区企业养老保险缴费率的下调速度可以慢于西部地区，以减轻财政对社会养老保险基金补贴压力。但是中部地区企业养老保险缴费率的下调必须要和其他经济方式和手

---

① 柳清瑞，王虎邦，苗红军城镇企业基本养老保险缴费率优化路径分析［J］. 辽宁大学学报（哲学社会科学版），2013（11）：99－107.

段协调行动才能保证在降低企业养老保险缴费率的基础上，达到提高城镇就业水平的目标。

7.2.3 保持经济增长是解决就业问题的主要手段

美国经济学家阿瑟·奥肯发现当实际GDP增长上升2%时，失业率下降大约1%。经济稳定发展可扩大经济规模，提供更多的就业人口。一般而言，一国GDP增长会产生新的生产领域和生产规模的扩大，从而带来劳动力的需求，就业增长与经济增长存在一致性。根据国家发改委数据可知，要保证2018年我国存量就业人数7亿7000万人，新增就业1100万人，我国就必须保证GDP增速保持在6.5%左右。东北三省人口大量外流的一个原因就是区域经济增长大幅下滑，大量年轻人口流失，而广东省则因经济活跃和繁荣，吸引了大量外省年轻劳动力。

保证经济持续增长要求我们：一是从增加人力资本储备入手，通过增加中高等教育的投入等方式加大人力资本投入，提高资源配置效率，转变经济增长方式，促进经济持续健康发展；二是注重消费需求的引导和推动，加大政府财政货币政策引导拉动消费需求的力度，同时推动产业结构与消费升级的良性互动。

7.2.4 调整影响企业养老保险缴费率下调的制度参数，为企业养老保险缴费率下调创造条件

（1）积极推进育龄女性再生育的意愿和行动。中国在2013年底开始实施"单独二孩"政策，2016年1月开始实施"全面二孩"政策，2021年5月再次调整生育政策，开始实施"三孩政策"。但是这些政策都收效甚微。乔春晓认为开放二孩政策"潜在的生育人群中实际生育的人会在1700万～

3100 万元之间。年度出生人口峰值将在 2200 万 ~ 2700 万元之间"①。罗雅楠等预测到 2030 年与未开放全面二孩的人口变化趋势相比，生育政策将新增人口 4600 万 ~ 6700 万元之间②，但实际上 2020 年人口出生人数为 1200 万人，2021 年出生人数为 1062 万人，创下历史新低。

提高人口出生水平，光靠出台"三孩政策"无法从根本上达到目标，还必须出台相关配套措施服务才能保证政策达到应有的效果。第一，完善育龄女性和出生婴儿的医疗保证项目，做好育龄女性生育过程中基本的医疗保健服务，如对孕妇实施无偿的孕前健康检查，提供孩子出生前和出生后的保健服务。第二，提高再生育家庭的生育津贴待遇，生育津贴应包含产前津贴、实际生育津贴以及产后补助等。第三，加大对公立幼儿园的投入力度，将托幼教育纳入到义务教育系统中，同时增加中小学的选修课程，将目前市场上的兴趣课程纳入中小学的选修课程中，这样既能降低家庭负担，同时也为经济条件差的家庭的孩子提供了学习机会，体现了教育的公平性。通过调整配套政策，促进人口和养老金的长期均衡发展，并以此为契机下调企业养老保险缴费率，减少企业生产成本，促进企业增加劳动力需求，减少失业人口数量。

（2）适时延迟退休年龄。全面开放生育政策具有人口的时滞性，只能为未来提供劳动力和人力资本，而延迟退休政策能够在当期人口总量不发生变化的情况下提供更多的劳动力，减缓退休人口对当期养老保险基金收支产生直接的影响。

我国的退休政策自 20 世纪 50 年代实施以来，至今未发生变化。本书实证结果表明，以 2015 年为基期，如果按正常规定退休，老年人人口抚养比

① 乔春晓. 实施"普遍二孩"政策后生育水平会达到多高？——兼与崔振武教授商榷［J］. 人口与发展，2014（6）：2-15.

② 罗雅楠. 程云飞. 郑晓瑛."全面二孩"政策后我国人口态势趋势变动［J］. 人口与发展，2016（5）：2-14.

为29.3%，如果每1年延迟退休1岁，老年人口抚养比下降至28.8%，如果每2年延迟退休1岁，老年人口抚养比下降至28.6%，如果每3年延迟退休1岁，老年人口抚养比下降至27.9%。提高退休年龄既增加了养老保险统筹账户养老金的收入，又降低了养老金的支出，能有效缓解养老金统筹账户基金缺口的压力。

为了减少延迟退休的阻力，延迟退休应采取逐步提高退休年龄的办法。本书认为对于女性工人，退休年龄较男性和女干部的年龄要低，因此女干部和女工人采取每3年延1岁，女性工人退休年龄延迟至60岁，女干部退休年龄延迟至65岁，男职工每6年延迟1岁至65岁，达到退休年龄。

（3）建立长效稳定的养老保险财政补贴政策，是缓解养老金缺口的有效途径。

我国社会养老保险基金主要由企业和个人分担，养老保险基金收支缺口由财政通过补贴方式予以兜底。由于中国人口老龄化，基金收支缺口越来越大，政府提供财政补贴的规模也越加庞大。根据有关预测结果显示，在预测期内大部分时间养老基金的收支平衡依赖财政补贴，但是财政对养老保险的补贴没有形成机制。补贴数额根据缺口的大小不同而变化，具有一定的随意性。

我国应该建立规范和统一的养老保险基金预算机制，将养老保险财政补贴制度化，明确政府在养老保险基金支出中财政应支付的比例，并在年度财政预算中进行编制。明确政府养老保险财政补贴责任，目前养老保险财政补贴大部分由中央政府承担，缺少合理有效的分担机制，引起地方政府的机会主义行为，因此在明确政府对养老保险财政补贴责任时，还要合理划分中央和地方政府分摊责任。只有明确划分中央和地方政府的财政补贴责任，才能保证地方政府对社会养老保险承担相应的责任，主动防范养老保险风险的发生，提高财政补贴的投入效率，从而缓解养老金缺口，促进城镇职工养老保险的可持续发展。

附　录

各省区市企业法定养老保险费率

单位：%

省区市	2005年	2006年	2007年	2008年	2009年	2010年	2011年	2012年	2013年	2014年	2015年	2016年	2017年	2018年
北京市	20	20	20	20	20	20	20	20	20	20	20	20	19	19
天津市	20	20	20	20	20	20	20	20	20	20	20	20	19	19
河北省	20	20	20	20	20	20	20	20	20	20	20	20	20	20
山西省	20	20	20	20	20	20	20	20	20	20	20	20	19	19
内蒙古自治区	20	20	20	20	20	20	20	20	20	20	20	20	20	20
辽宁省	20	20	20	20	20	21	21	20	20	20	20	20	20	20
吉林省	23	23	23	22	21	21	21	20	20	20	20	20	20	20
黑龙江省	20	20	20	20	20	20	20	20	20	20	20	20	20	20
上海市	22	22	22	22	22	22	22	22	21	21	21	21	20	20
江苏省	21	21	21	21	21	21	21	20	20	20	20	20	19	19
浙江省	20	20	20	20	14	14	14	14	14	14	14	14	14	14
安徽省	20	20	20	20	20	20	20	20	20	20	20	20	19	19

续表

省区市	2005年	2006年	2007年	2008年	2009年	2010年	2011年	2012年	2013年	2014年	2015年	2016年	2017年	2018年
福建省	18	18	18	18	18	18	18	18	18	18	18	18	18	18
江西省	20	20	20	20	20	20	20	20	20	20	20	20	20	19
山东省	20	20	20	20	20	19	18	18	18	18	18	18	18	18
河南省	20	20	20	20	20	20	20	20	20	20	20	20	19	19
湖北省	20	20	20	20	20	20	20	20	20	20	20	20	19	19
湖南省	20	20	20	20	20	20	20	20	20	20	20	20	19	19
广东省	18	18	18	18	18	16	16	15	14	14	14	14	14	14
广西壮族自治区	20	20	20	20	20	20	20	20	20	20	20	20	19	19
海南省	20	20	20	20	20	20	20	20	20	20	20	20	20	19
重庆市	20	20	20	20	15	20	20	20	20	20	20	20	19	19
四川省	20	20	20	20	20	20	20	20	20	20	20	20	19	19
贵州省	20	20	20	20	20	20	20	20	20	20	20	20	19	19
云南省	20	20	20	20	20	20	20	20	20	20	20	20	19	19
西藏自治区	20	20	20	20	20	20	20	20	20	20	20	20	19	19
陕西省	20	20	20	20	20	20	20	20	20	20	20	20	19	19
甘肃省	20	20	20	20	20	20	20	20	20	20	20	20	19	19
青海省	20	20	20	20	20	20	20	20	20	20	20	20	19	19
宁夏回族自治区	20	20	20	20	20	20	20	20	20	20	20	20	19	19
新疆维吾尔自治区	20	20	20	20	20	20	20	20	20	20	20	20	19	19

资料来源：各省、自治区和直辖市的官方人力资源和社会保障厅网站、政府下发文件，经笔者整理所得，当有不同档的缴费率时候，取不同档的缴费率的平均值。

参 考 文 献

[1] 阿瑟·刘易斯. 二元经济论 [M]. 北京: 北京经济学院出版社, 1989.

[2] 白重恩. 中国经济何处颇具: 养老保险降费 [J]. 中国经济报告, 2019 (6): 81-86.

[3] 贝塔朗菲. 一般系统化 [M]. 北京: 清华大学出版社, 1987.

[4] 卜永祥, 靳炎. 中国实际经济周期: 一个基本解释和理论扩展 [J]. 世界经济, 2002 (8): 3-11.

[5] 陈强. 高级经济学及 stata 应用 [M]. 北京: 高等教育出版社, 2018.

[6] 陈曦. 城乡基础养老保险一元化缴费率研究 [D]. 沈阳: 辽宁大学, 2015.

[7] 陈曦. 养老保险降费率、基金收入与长期收支平衡 [J]. 中国人口科学, 2017 (3): 55-69.

[8] 程炳德. 以系统论的基本观点论语文教育整合 [D]. 南昌: 江西师范大学, 2003.

[9] 单豪杰. 中国资本存量 k 的再估计: 1952~2006 [J]. 数量经济技术经济研究, 2008 (10): 17-31.

[10] 丁冰. 当代世界十大经济学派丛书——瑞典学派 [M]. 武汉: 武汉出版社, 1996.

［11］丁冰．当代西方经济学流派［M］．北京：北京经济学院出版社，1993.

［12］方文全．中国的资本回报率有多高？——年份资本视角的宏观数据再估测［J］．经济研究，2012（1）：521－532.

［13］弗里德曼．资本主义与自由［M］．北京：商务印书馆，1999.

［14］高铁梅．计量经济分析方法与建模［M］．北京：清华大学出版社，2014.

［15］高岩濑，吴庆东．日本变化中的劳动与就业体系［J］．经济资料译丛，1998（2）：78－81.

［16］高彦，杨再贵，王斌．养老保险缴费率、就业人口增长率与最优退休年龄——基于社会福利最优视角［J］．金融论坛，2017（8）：70－80.

［17］葛结根．社会保险缴费对工资和就业的转嫁效应——基于行业特征和经济周期的考察［J］．财政研究，2018（8）：93－104.

［18］葛延风．社会保障制度中存在的突出问题［J］．理论参考，2007（4）：10－11.

［19］耿晋娟．中国基本养老保险高缴费低水平悖论分析［J］．中国人力资源开发，2014（3）：98－105.

［20］龚六堂，谢丹阳．我国省份之间的要素流动和边际生产率的差异分析［J］．经济研究，2004（1）：45－53.

［21］顾文静．社会保险扩面对私营企业竞争力的影响［J］．当代经济研究，2006（6）：39－42.

［22］郭庆旺，贾俊雪．中国潜在产出与产出缺口的估算［J］．经济研究，2004（5）：31－39.

［23］郭熙保．柯林克拉克的经济进步理论详述［J］．经济学动态，1993（6）：61－65.

［24］郭小东，吴少岑．中国公共投资与经济增长关系的 PVAR 分析

[J].学术研究，2007（3）：40 – 48.

[25] H.钱纳里.工业化和经济增长的比较研究［M］.上海：上海三联出版社，1995.

[26] 胡宏伟，邓大松.新历史学派、德国实践与我国医疗改革——兼论我国医疗保障改革设想［J］.陕西行政学院学报，2007（4）：5 – 11.

[27] 黄明，耿中元.我国城镇化与城镇就业的实证研究［J］.中国管理科学，2012（11）：747 – 752.

[28] 景鹏，胡秋月.企业职工基本养老保险统筹账户缴费率潜在下调空间研究［J］.中国人口科学，2017（1）：21 – 33，126.

[29] 凯恩斯.就业、利息和货币通论［M］.北京：商务印书馆，1999.

[30] 康传坤，楚天舒.人口老龄化与最优养老保险缴费率［J］.世界经济，2014（4）：139 – 160.

[31] 魁奈.魁奈经济著作选集［M］.北京：商务印书馆，1997.

[32] 劳动和社会保障部中国养老社会保险基金测算课题组.中国养老保险基金测算报告［J］.社会保险研究，2001（5）：3 – 21.

[33] 黎志刚，吴明琴.中国企业养老保险支出挤出了员工工资吗？［J］.经济资料译丛，2014（1）：94 – 98.

[34] 李珍.养老社会保险的平衡问题研究分析［J］.中国软科学，1999（2）：19 – 23.

[35] 林宝.人口老龄化对企业职工基本养老保险制度的影响［J］.中国人口科学，2010（2）：84 – 92.

[36] 林宝.人口老龄化与城镇基本养老保险制度的可持续性［M］.北京：中国社会科学出版社，2014.

[37] 林忠晶，龚六堂.退休年龄、教育年限与社会保险［J］.经济学（季刊），2007（10）：211 – 230.

[38] 刘长庚，张松彪. 我国企业职工基本养老保险制度中企业缴费率应降低 [J]. 经济纵横，2014 (12)：112 – 115.

[39] 刘畅. 社会保险缴费率水平的效率研究——基于天津市的实证分析 [J]. 江西财经大学学报，2007 (1)：28 – 32.

[40] 刘金山，贺琛. 时间偏好的区域差异：分布特征和影响因素 [J]. 中央财经大学学报，2018 (7)：75 – 88.

[41] 刘钧. 社会保险缴费水平的确定：理论与实证分析 [J]. 财经研究，2004 (2)：73 – 79.

[42] 刘苓玲，慕欣芸. 企业社会保险缴费的劳动力就业挤出效应研究——基于中国制造业上市公司数据的实证分析 [J]. 保险研究，2015 (10)：107 – 118.

[43] 刘明兴. 美国中小企业的融资结构与体制 [R]. 北京：中国经济研究中心，2002.

[44] 刘鑫宏. 企业社会保险缴费水平的实证评估 [J]. 江西财经大学学报，2009 (1)：28 – 34.

[45] 柳清瑞，王虎邦，苗红军. 城镇企业基本养老保险缴费率优化路径分析 [J]. 辽宁大学学报 (社会哲学版)，2013 (6)：99 – 107.

[46] 陆铭. 工资和就业的议价理论——对中国二元就业体制的效率考察 [M]. 上海：上海三联书店，上海人民出版社，2004.

[47] 路锦非，王贵新. 我国未来城镇人口结构变动预测 [J]. 西北人口，2010 (4)：1 – 6.

[48] 罗默·D. 高级宏观经济学 [M]. 上海：上海财经大学出版社，2001.

[49] 罗雅楠，程云飞，郑晓瑛. "全面二孩" 政策后我国人口态势趋势变动 [J]. 人口与发展，2016 (5)：2 – 14.

[50] 马双，孟宪芮，甘犁. 养老保险企业缴费对员工工资、就业的影

响分析［J］. 经济学（季刊），2014（3）：969－1000.

［51］孟昭喜，傅志明. 中国社会保险管理服务报告（2014～2015）［M］. 北京：中国劳动社会保障出版社，2016.

［52］穆怀中，陈洋，陈曦. 基础养老保险缴费率膨胀系数研究［J］. 经济理论与经济管理，2015（12）：44－54.

［53］穆怀中，张楠. 城镇养老保险缴费对就业影响的门槛效应研究［J］. 经济体制改革，2018（4）：20－25.

［54］穆怀中. 老年社会保障负担系数研究［J］. 人口研究，2001（4）：19－23.

［55］穆怀中. 中国养老保险制度改革关键问题研究［M］. 北京：中国劳动与社会保障出版社，2006.

［56］倪雄飞. 社会保险缴费制度对小微企业及其劳动者的影响与完善对策［J］. 中国劳动，2015（11）：11－15.

［57］彭浩然，陈斌开. 鱼和熊掌能否兼得：养老金危机的代际冲突研究［J］. 世界经济，2012（2）：84－97.

［58］钱学森. 社会主义现代化建设的科学和系统工程［M］. 北京：中共中央党校出版社，1987.

［59］钱雪亚，蒋卓余，胡琼. 社会保险缴费对企业雇佣工资和规模的影响研究［J］. 统计研究，2018（11）：68－79.

［60］乔春晓. 实施"普遍二孩"政策后生育水平会达到多高？——兼与翟振武教授商榷［J］. 人口与发展，2014（6）2－15.

［61］饶茜，江文昶，姜宇. 提高养老保险退休年龄的相关研究——财务平衡下对缴费率影响的定量分析［J］. 财经问题研究，2005（1）：64－70.

［62］萨伊. 政治经济学概论［M］. 北京：商务印书馆，1998.

［63］宋锦，李曦晨. 行业投资、劳动力技能偏好于产业转型升级［J］. 世界经济，2019（5）：145－167.

[64] 孙雅娜，安曼. 中国养老保险最优缴费率研究——基于行业收入差异的分析 [J]. 社会科学辑刊，2010 (2)：112 – 115.

[65] 陶纪坤，张鹏飞. 社会保险缴费对劳动力需求的"挤出效应" [J]. 中国人口科学，2016 (6)：78 – 87，127 – 128.

[66] 汪润泉，金昊，杨翠迎. 中国社会保险负担实高还是虚高？——基于企业和员工实际缴费的实证分析 [J]. 江西财经大学学报，2017 (6)：53 – 63.

[67] 王建民. 减排目标约束对经济增长影响：理论框架与实证检验——基于中国 1991 ~ 2000 年的实证分析 [J]. 经济管理，2012 (6)：171 – 178.

[68] 王献峰. 互联网对新生代农民工城市融入的影响研究——以郑州市为例 [D]. 郑州：郑州大学，2012.

[69] 王小鲁，樊纲. 中国经济增长的可持续性 [M]. 北京：经济科学出版社，2000.

[70] 王增文，邓大松. 基金缺口、缴费比率与财政负担能力：基于对社会保障主体的缴费能力研究 [J]. 中国软科学，2009 (10)：73 – 81.

[71] 威廉·配第. 赋税论 [M]. 北京：华夏出版社，2017.

[72] 魏建，李俊峰. 就业保护影响下的就业水平研究进展 [C]. 2010 年度（第八届）中国法经济学论坛论文集（下册），2010.

[73] 邬沧萍. 老年社会学 [M]. 北京：中国人民大学出版社，1999.

[74] 吴明琴，童碧如. 城镇企业养老保险对工资的影响机制——基于制造业企业的实证研究 [J]. 重庆大学学报（社会科学版），2016 (3)：29 – 37.

[75] 吴要武、陈梦玫. 当经济下行碰头就业压力——对中国城乡劳动力市场状况的分析 [J]. 劳动经济研究，2018 (3)：54 – 74.

[76] 吴永求，赵静. 社会保险缴费结构的就业效应研究 [J]. 重庆大学学报（社会科学版），2014 (4)：39 – 45.

［77］西蒙·库兹涅兹．各国的经济增长［M］．北京：商务印书馆，2017．

［78］西斯·蒙第．政治经济学新原理［M］．北京：商务印书馆出版，1998．

［79］席元香．关于完善养老保险缴费基数的几点思考［J］．山西财经大学学报，2002（2）：111－112．

［80］徐凤辉，胡慧子．我国企业社保缴费对员工工资挤出效应研究［J］．劳动保障世界，2018（4）：1－4．

［81］许冬兰，李玲．能源约束对经济增长和城市化影响的实证研究——以山东省为例［J］．北京理工大学学报（社会科学版），2017（8）：74－79．

［82］许志涛，丁少群．各地区不同所有制企业社会保险缴费能力比较研究［J］．保险研究，2014（4）：102－109．

［83］亚当·斯密．国富论［M］．上海：译林出版社，2018．

［84］杨波．企业社会保险费财务负担的测量——基于上市公司数据的研究［J］．江西财经大学学报，2013（1）：67－74．

［85］杨俊，龚六堂．我国养老保险制度改革对工资增长影响的分析［J］．财经问题研究，2009（5）：25－31．

［86］杨俊．养老保险和工资与就业增长的研究［J］．社会保障研究，2008（2）：132－143．

［87］杨再贵．不定寿命条件下城镇公共养老金最优替代率的理论与实证研究［J］．管理评论，2011（2）：29－32，44．

［88］杨再贵．现阶段背景下企业职工基本养老保险最优缴费率与最优记账利率研究［J］．华中师范大学学报，2018（1）：55－63．

［89］袁天勇．社会保险对工资收入的挤出效应研究［D］．成都：西南财经大学，2012．

[90] 约翰·罗默. 分配正义论 [M]. 北京: 中国科学文献出版社, 2017.

[91] 岳希明, 徐静, 刘谦等.2011年个人所得税改革的收入再分配效应机 [J]. 经济研究, 2012 (9): 113-124.

[92] 詹长春, 汤飞, 梅强. 小微企业社会保险缴费负担研究——以江苏省镇江市为例 [J]. 探索, 2013 (6): 154-158.

[93] 张弛, 任亮, 张广键. 资本账户开放、就业与经济增长 [J]. 经济问题探索, 2018 (7): 27-35.

[94] 张广裕. 资源环境约束下的经济增长方式转变研究 [J]. 财政理论研究, 2013 (3): 51-58.

[95] 张继良, 王兴安, 张少辉. 社保缴费对小微工业企业的影响 [J]. 中国统计, 2017 (7): 27-29.

[96] 张军, 吴桂英, 张吉鹏. 中国省际物质资本存量估算: 1952~2000 [J]. 经济研究, 2004 (10): 35-44.

[97] 张军, 章元. 对中国资本存量k的再估计 [J]. 经济研究, 2003 (7): 35-43.

[98] 张文爱. 能源约束对经济增长的"阻尼效应"研究——以重庆市为例 [J]. 统计与信息论坛, 2013 (4): 53-60.

[99] 张艳萍. 中国基本养老保险单位缴费基数比例探索 [J]. 学习与探索, 2012 (6): 116-118.

[100] 张迎斌, 刘志新, 柏满迎, 罗琪耀. 我国社会基本养老保险的均衡体系与最优替代率研究——基于跨期叠代模型的实证分析 [J]. 金融研究, 2013 (1): 79-91.

[101] 赵海珠. 企业社会保险缴费的就业效应分析 [D]. 北京: 首都经济贸易大学, 2017.

[102] 郑秉文, 胡云超. 英国养老制度市场化改革对劳动力市场的影

响——对中国的三点重要启示［J］. 中国人口科学，2004（2）：33 – 44.

［103］周小川. 社会保障与企业盈利能力［J］. 经济社会体制比较，2000（6）：1 – 5.

［104］朱承亮，岳宏志，李婷. 中国经济增长效率及其影响因素的实证研究［J］. 数量经济技术经济研究，2009（9）：52 – 62.

［105］朱文娟，吕志明. 社会保险费的就业效应：综述与启示［J］. 社会保障研究，2012（4）：77 – 81.

［106］朱文娟，汪小勤，吕志明. 中国社会保险缴费对就业的挤出效应［J］. 中国人口·资源与环境，2013（1）：137 – 142.

［107］朱文娟. 中国社会保险费的就业效应研究［D］. 武汉：华中科技大学，2013.

［108］Albrecht J, L Navarro, S Vroman. The effect of labour market policies in an economy with informal sector［J］. Economic Journal, 2008（7）：1105 – 1129.

［109］Arjona, Roman. Optimal social security taxation in spain［J］. FEDA'S Series Studies on the Spanish Economy, 2000（8）.

［110］Bauer Thomas, Regina T Riphahn. Employment effects of payroll taxes: An Empirical test for Germany［J］. Applied Economics, 2002（34）：865 – 876.

［111］Blanchard, O and Fischer, S. Lectures on Macroeconomics［M］. Cambridge：MIT Press, 1989：110 – 114.

［112］Bohm P, H Lind. Policy Evaluation Quality：A quasi-experimental study of regional employment subsidies in Sweden［J］. Regional Science and Urban Economics, 1993（3）：51 – 65.

［113］Burkhauser Turner. Is the social security payroll tax［J］. Public Finance Quarterly, 1985（7）：253 – 267.

[114] Chris Nyland, Russell Smyth, Cherrie Jiuhua Zhu. What determines the extent to which Employers will comply with their social security obligations?: evidence from Chinese firm-level data [J]. Social Policy and Administration, 2006 (2): 196 - 214.

[115] Daveri F, G Tabellini. Unemployment, growth and taxation in industrial countries [J]. Economic Policy, 2000 (10): 47 - 104.

[116] Diamond P. National debt in a neoclassical growth model [J]. American Review, 1965: 1126 - 1150.

[117] Eduardo Lora, Johanna Fajardo. Employment and taxes in Latin American: an empirical study of the effects of payroll, corporate income and value-added taxes on labor outcomes [J]. Cuadernos de Economia, 2015, 35 (67).

[118] Erwin Ooghe, Erik S, Jef Flechet. The incidence of social security contributions: An empirical analysis [J]. Empirica, 2003 (6): 81 - 106.

[119] Gruber Jonathan, Krueger Alan B. The Incidence of mandated Employment-provided Insurance: lessons from workers' Compensation insurance [J]. Tax Policy and the Economy, 1991 (1): 111 - 144.

[120] Gruber Jonathan. The Incidence of mandated maternity Benefits [J]. American Economic Review, 1994 (3): 632 - 641.

[121] Gruber Jonathan. The Incidence of payroll taxation: Evidence from Chile [J]. Journal of Labor Economics, 1997 (3): 72 - 101.

[122] Hamermesh D. New Estimates of the Incidence of payroll tax [J]. Southern Economic Journal, 1975 (4): 1208 - 1219.

[123] Hart R A, Seiichi Kawasaki. Payroll taxes and factor demand [J]. Research in Labor Economics, 1988 (9): 257 - 285.

[124] Heijdra Ben J, Ligthart Jenny E. Labor tax reform, employment and search [J]. International Tax and Public Finance, 2009 (16): 82 - 104.

[125] Helge Bennmarker, Erik Mellander, Bjorn Ocket. Do regional tax reductions boost employment? [R]. Institute for Evaluation of Labour Market and Education Policy, No. 19, 2008 (11).

[126] Hian Hoon. Payroll taxes and VAT in a labor-turnover model of the "natural rate" [J]. International Tax & Public Finance, 1996 (7): 369 – 383.

[127] Jorgen D W. The Development of Duel Economy [J]. Economical Journal, 1961 (11).

[128] J R Garcia, H Sala. The tax system incidence on employment: a country-specific analysis for OECD economies [R]. IZA discusson paper, 2006 (7).

[129] King R, S Rebelo. Public policy and economy growth: Developing neoclassical implications [J]. Journal of Political Economy, 1990 (5): 126 – 150.

[130] Kitao, S Sagiri. Sustainable social security: four options [J]. Review of Economic Dynamics, 2014: 756 – 779.

[131] Koichi Miyazaki. Optimal pay-as-you-go social security when retirement is endogenous and labor productivity depreciates [R]. MPRA Paper, No. 61166, 2016 (1).

[132] Korkeamaki O, R Uusitalo. Employment and wage effects of a payroll tax cut: Evidence from a regional tax exemption experiment [J]. International Tax and Public Finance, 2008 (8): 1 – 40.

[133] Krugman P. The myth of Asia's miracle [J]. Foreign Affair, 1994 (6): 62 – 78.

[134] Kugler A, M Kugler. Labor Market Effects of Payroll Taxes in Developing Countries: Evidence from Colombia [J]. Economic Development & Cultural Change, 2009 (5): 335 – 358.

［135］ Layard R, S Nickell, R Jackman. Unemployment: Macroeconomic Performance and Labour Market ［M］. Oxford: Oxford University press, 1991.

［136］ L Fanti, L Gori. Increasing PAYG pension benefits and reducing contributions rates ［J］. Economics Letters, 2010 (5): 81 – 84.

［137］ Mark A. Roberts pareto-improving pension reform through technological implementation ［J］. Scottish Journal of Political Economy, 2013 (7): 317 – 342.

［138］ Mayer A. Quantity the effects of job matching through social networks ［J］. Journal of Applied Economics, 2011 (5): 35 – 59.

［139］ Morales L F, Medina C. Assessing the effect of payroll taxes on formal employment: The case of the 2012 tax reform in Colombia ［J］. Borradores De Economia, 2016: 1 – 49.

［140］ Pecchenino R, Pollard P. Dependent children and aged parents: funding education and social security in an aging economy ［J］. Journal of Macroeconomics, 2002 (2): 145 – 169.

［141］ Robert J Gordon. Wage – Price Controls and the Shifting Phillips Curve ［J］. Brookings Papers on Economic Activity, 1972 (2): 385 – 421.

［142］ Ronny Freier, Viktor Steiner. "Marginal employment" and the demand for heterogeneous labour- elasticity estimates from a multi-factor labour demand model for Germany ［R］. Institute for the Study of Labor, No. 2577, 2007 (1).

［143］ Saez Emmanuel, Schoefer Benjamin, Seim David. Payroll taxes, firm Behavior and rent sharing: Evidence from a young workers' tax cut in Sweden ［R］. NBER Working Paper DP, No. 23976, 2017 (11).

［144］ Samuelson Paul. An optimum security in a life-cycle growth model ［J］. International Economic Review, 1975 (10): 539 – 544.

［145］ Sonia Alexandra A. Payroll Taxes and labor demand: Evidence from

Colombian manufacturing industry [R]. University of Barcelona, 2013 (5).

[146] Toshiaki Tachibanaki, Yukiko Yokoyama. The estimation of the incidence of employment contributions to social security in Japan [J]. Japanese Economic Review, 2008 (4): 75 – 83.

[147] Viktor Steiner. Employment and wage effects of social security financing—An empirical Analysis of the west German experience and some policy simulations [R]. Leibniz Centre for European Economic Research, No. 96 – 14, 1996 (6).